1 MONTH OF
FREE
READING

at

www.ForgottenBooks.com

By purchasing this book you are eligible for one month membership to ForgottenBooks.com, giving you unlimited access to our entire collection of over 1,000,000 titles via our web site and mobile apps.

To claim your free month visit:

www.forgottenbooks.com/free619468

ISBN 978-0-666-45535-2
PIBN 10619468

This book is a reproduction of an important historical work. Forgotten Books uses
state-of-the-art technology to digitally reconstruct the work, preserving the original format
whilst repairing imperfections present in the aged copy. In rare cases, an imperfection in
the original, such as a blemish or missing page, may be replicated in our edition. We do,
however, repair the vast majority of imperfections successfully; any imperfections that
remain are intentionally left to preserve the state of such historical works.

Aus Natur und Geisteswelt

Sammlung wissenschaftlich-gemeinverständlicher Darstellungen

692. Bändchen

Der Schauspieler

Von

Ferdinand Gregori

Verlag und Druck von B. G. Teubner in Leipzig und Berlin 1919

Wohl waren sechs an der Berliner Lessinghochschule gehaltene Vorträge der letzte Anlaß dieses Bändchens, aber gewiß nicht der hauptsächliche. Außerdem decken sie sich nicht damit. Da mir daran lag, als Schauspieler Zeugnis abzulegen, wird man es mir nachsehen, daß ich die philosophischen Ergebnisse anderer Monographen so gut wie gar nicht verarbeite. Ich kenne sie zwar und erinnere mich gern an sie, aber sie abschreibend zu wiederholen, widersteht mir, und sie weiterzuführen oder ihnen mit gleichen Mitteln entgegenzutreten, fühle ich mich nicht berufen. Meine bescheidenen Feststellungen, aus der Praxis der Provinztätigkeit, des Wiener Burg- und Berliner Deutschen Theaters erwachsen, sind da und dort von Beispielen begleitet, die, weil sie nur einen engen Kreis der Literatur einbeziehen, diesen Kreis hoffentlich nicht als meine ganze Welt verdächtigen. Ich glaubte es den Lesern bequem machen zu dürfen, solange ich, was ich sagen wollte, schon durch das Abc der Dichtung sagen konnte.

Inhalt.

Rückblick auf die geschichtliche Entwicklung.

Erste Regungen und geistliche Spiele. Der Trieb, der im Schau=
spieler vorwaltet, ist wahrscheinlich älter als jeder andere künstle=
rische, wenn er auch erst lange nach allen anderen ins Künst=
lerische emporwuchs. Auf welcher niedrigen Stufe der Menschheit
schon mag ein Vater die unartigen Kinder mit einer Abart unsres
strafbeflissenen „schwarzen Mannes" erschreckt haben! Dazu war
eine Verstellung der Stimme nötig, manchmal sogar ein Verkleiden.
Noch vielleicht bevor man sich Götter gegenüberstellte, fühlte sich die
Jugend des Landes als Frühling, das Alter als Winter, kränzte die
eine ihr Haar mit frühem Laub und Lenzblumen, bückte sich das
andere scheinbar ächzend unter kahlem Reisig und Baumflechten, um
an festlichem Tage den Stammesgenossen den Eintritt einer neuen
Jahreszeit handgreiflich vorzuführen. Vor allem aber traten wohl
schon sehr früh die unterhaltsamen Käuze hervor, die mit Sprüngen
und Scherzen lange Abende zu kürzen wußten. Und auch hier war die
Wirkung gewiß um so größer, je weiter der Spaßmacher von seinem
Alltagsaussehen abwich — was wunder, daß er für solche Zusam=
menkünfte bald eine typische Maske wählte, in der er, noch ehe er den
Mund auftat, die Lacher auf seiner Seite hatte; und waren es auch
„hundert Flecke", die er zu diesem Zwecke seiner Tracht aufflicken
mußte. Auch wird es in der vorchristlichen Zeit bei unsern Vor=
fahren nicht viel anders gewesen sein als nachher in der christlichen;
die Priester werden sich wahrscheinlich schon damals der völkischen
Begabungen bedient haben, um ihre Götterfeste recht eindringlich
zu gestalten; die Verehrung der Naturgewalten, die Schlachtweihen
wurden Auge und Ohr erregende Schauspiele, zu denen die Geist=
lichkeit laienhafte Unterstützung heranzog. Wie sehr auch bis in
unsre Zeit hinein die christliche Kirche gegen das Theater geeifert
und seine Darsteller verachtet hat, sie sah schon recht früh ein, daß
geistliche Spiele größeren Zulauf hatten als der ständige Gottes=
dienst, und sie baute sie auf der Bibel und den liturgischen Ge=
sängen auf; sah aber auch, daß sie in rein klerikaler Darbietung
allzu steif, zu einseitig=erbaulich und =belehrend waren, als daß sich

soviel Zuschauer dazu einfanden wie etwa bei den Laienvergnügungen der Fastenzeit. Darum erlaubte sie einigen Lustigmachern des Kirchsprengels, zwischen die heiligen Szenen ein paar komische Intermezzi einzuschieben.

Die geistlichen Mitwirkenden stellten ihre Dialoge auf bloßen Bericht und Würdigkeit und mußten schon darum Dilettanten bleiben; die laienhaften wiederum, die vielleicht eine natürliche schauspielerische Veranlagung hatten, mochten wohl aus Rücksicht auf den geweihten Ort, die Kirche selbst, nicht recht aus sich herausgehen, und ihre drolligen Wettlaufpantomimen, Krämergespräche und ihr Teufelsfratzenschneiden mitten in den Weihnachts= und Osterspielen kamen ihnen selbst wohl gar zu bäuerisch vor im Vergleich zu den geoffenbarten Evangelientexten. Immerhin lag in diesen Zwischenstücken der Laien, die natürlich in deutscher Sprache vorgebracht wurden, während die Geistlichen lateinisch deklamierten und psalmodierten, das einzige s ch ö p f e r i s ch e Moment dieser Aufführungen, sowohl in dichterischer wie in schauspielerischer Hinsicht.

Mysterien und ähnliches. Die allgemeine Schaulust wuchs, der Kirchenraum widerstrebte ihr nach und nach räumlich, zeitlich und sachinhaltlich, man schlug die Bühne auf dem Kirchhofe, endlich auf dem Marktplatze auf. Aus den schlichten Weihnachts=, Dreikönigs=, Oster= und Fronleichnamspielen, aus den einschichtigen Lebensbildern der Propheten und Heiligen, den holzschnittartigen Gleichnissen und Legenden wurden ganze Bibelübersichten von Adam bis zu Christus. Sie hießen dann Mysterien, wobei wir durchaus nicht an Geheimnisse zu denken brauchen, breiteten sich über eine ganze Reihe von Holzgerüsten (Umkehrung der heutigen Drehbühne: die Z u s ch a u e r waren beweglich!), über mehrere „Tagewerke" aus und taten dabei freilich des Moralisch=Guten so viel, daß die Kunst, bei der sich das Moralische von selbst versteht, noch immer wenig Segen davon verspürte. Auch die eigentlichen Moralitäten und Mirakelspiele, in denen Allegorien, also verstandesmäßig personifizierte Abstrakta, die Träger der Handlung wurden, änderten daran nichts, es sei denn, daß noch weniger gestaltendes Schauspielerblut in ihre Adern einströmte als in die biblischen, oft recht handlungsfrohen irdischen Figuren.

Ein eigentlicher Schauspielerstand gründete sich damit auch noch nicht. Zwar wanderten solche Aufführungen wohl einmal von einer

Stadt zur andern, aber man wird kaum alle Darſteller mit=
genommen haben. Das waren ja Handwerker, Zunftgenoſſen, Mei=
ſterſinger, die ſich (wie heute dramatiſche Abteilungen großer Ver=
einigungen) aus Anlaß beſondrer Feſtlichkeiten zuſammengetan hatten
und deren eigentlicher Beruf weiterging. Die Klöſter arbeiteten dieſer
Ungeſährlichkeit trotzdem entgegen oder fühlten ſich doch weit er=
haben über ſie, indem ſie die lateiniſche Schulkomödie pflegten.
Aber auch was ſie damit wollten und was Luther daran be=
günſtigte, ſtand künſtleriſchen Zielen meilenfern: die lateiniſche
Sprache ſollte gepflegt, der mitwirkende Schüler mit den Lebens=
verhältniſſen frühzeitig vertraut gemacht werden. Bunter war das
Bild, das die Jeſuiten mit ihren Spielen ſchufen: wieder miſchten
ſie aus Weltklugheit Deutſch und Latein und boten auch den Augen
durch prächtige Aufzüge und Umrahmungen erquickende Weide.

Hans Sachs. Wenn etwas den Schauſpielern vorwärtshelfen
konnte, ſo waren es die 200 Stücke und Stückchen von Hans Sachs,
der um 1550 in Nürnberg das erſte deutſche Schauſpielhaus erbauen
half und dafür unermüdlich und mit großer Fruchtbarkeit wirkte. Auch
er wie ſeine genialeren Nachfahren Shakeſpeare und Molière Theater=
menſch durch und durch, eigener Spielleiter und Darſteller. Allein
ſeine Bühnenanweiſungen ſind Rieſenſchritte aus den Myſterien
und Moralitäten geiſtlicher Herkunft heraus. Man ſieht, die Cha=
raktere haben hier Beine zum Gehen, Arme, um zu winken, Augen,
um Tränen zu weinen; ſie ſprechen nicht aneinander vorbei, be=
lauſchen einander; und keine Unze Welſchtum iſt an ihnen. Aus
der katechiſierten Moral wird freie Sittlichkeit. Das Volkstümliche
ſpringt uns daraus an wie ein edler Hund, der in Einſamkeit
und Fremde treu geblieben und den wir nicht genug ſtreicheln
können. Zwar von der dramatiſchen Verteilung der Stoffe ſpüren
wir wenig, und darum ſind unſrer Bühne auch dieſe ſchlichten Köſt=
lichkeiten allmählich entglitten; aber wären ſeine Werke damals
einem wirklichen Schauſpielerſtande in den Schoß gefallen und
nicht im engen Zunftbereiche der Dilettanten geblieben, wäre über=
dies an den Höfen des 16. und 17. Jahrhunderts ein ſtärkeres
Volksempfinden zu Hauſe geweſen, ſo hätten es Prinzipale wie Treu
und Magiſter Velten leichter gehabt, den Grund zum Bau des Be=
rufs zu legen und ihr Publikum mit reinlichen Gaben zu be=
friedigen.

Die Wanderbühne. So aber ist man fast genötigt, die Geburtsstunde des deutschen Schauspiels ins Jahr 1747 zu verlegen, wo in Leipzig Lessings „Junger Gelehrter" aufgeführt wurde. Eine lange Zeit des Langens und Bangens bis dahin! Erst mußten die englischen Komödianten — gegen Ende des 16. Jahrhunderts — über Holland und Dänemark herüberkommen und mit ein paar verschnittenen Dichtungen und vielen blutrünstigen Spektakelstücken und derben Clownerien die alte deutsche Forderung „von weit her" erfüllen, ehe man eigene Berufsschauspieler ertrug; die einheimischen mischten sich anfänglich nur ganz bescheidentlich unter die fremden, denen es bei uns gefiel und die darum deutsch lernten. Die Blüte unsres Volkstums wird auch das nicht gewesen sein, aber sie machten den bedeutsamen Anfang, aus der zeitweiligen Schauspielerei herauszukommen, in eine ständige hinein, mochte sie auch der schlimmsten Zigeunerei und der Marktschreierei noch so ähnlich sehen. Der Elendszug der „Wanderbühne" setzte sich in Bewegung. In diesen kleinen Jahrmarktsorchestern spielte der Lustigmacher, der seit Luthers Tagen Wursthansel oder Hans Wurst hieß, das wichtigste Instrument. Man hat ihm ja überall den Namen einer Lieblingsspeise gegeben, als möge man ihn zum Fressen gern. Der Holländer nennt ihn Pickelhering, der Franzose Jean Potage oder Jean Farine, der Engländer Jack Pudding, der Italiener Maccaroni; auch Molkenbier (Jan Bouset), Knapkäse, Stockfisch kommt vor. Und so gar eintönig ist sein Amt auch in den ernsten weltlichen Dramen nicht; bald Diener oder Knecht, bald Bote, bald Soldat, bald Spion, Intrigant und Hofschranze, Aufseher oder Befehlshaber, Jurist, Sternseher, Krämer, bald auch Liebhaber, Bräutigam, Weiberhasser oder Kuppler, und meist nur so lose mit der Handlung verknüpft, daß er die gleichen Späße in ganz verschiedenen Stücken machen konnte, ohne noch weiter herauszufallen.

Vielleicht haben sich einige unserer ersten Berufsschauspieler schon um 1600 an einem Charakter versuchen dürfen, der auf Shakespeare zurückging oder auf seine dichterisch hervorragenden englischen Zeitgenossen. Ob sie dabei seines Geistes einen Hauch verspürt, ist recht zweifelhaft. Es galt ihnen ja vor allem, den groben Hörern zu gefallen, die ihre Bude besuchten; und so lernte einer dem andern die Wirkungen ab, die im ernsten Teile des Stückes vom Brüllen, Kreischen, Zähneknirschen, sinnlosen Schwertziehen, sichtbaren Verblu-

ten ausgingen, im komischen weniger verlogen sein mochten, aber
um so anstößiger.

Der Dreißigjährige Krieg machte dann das bißchen Entwicklung
noch zunichte, das ein gutwilliger Beobachter hätte herausfinden
können, und als der deutschen Schauspielkunst in Johannes Velten endlich ein großer Führer erwuchs — er vertauschte um 1665
die Predigerkanzel mit der Bühne — mußte er ganz von vorn anfangen, und das Schlimmste war, daß die Genossen gleich nach seinem Tode den hart errungenen Kampfpreis seines mühseligen Lebens wieder hinwarfen und sich dem alten Schlendrian der haus-
büchenen Haupt= und Staatsaktionen und der allmählich ausge-
leierten Stegreifmaschine ergaben.

Joh. Velten. Velten hat seinem Stand die ersten Handwerksregeln
aufgezwungen, ihm die Wichtigkeit der Probe gezeigt. Suchte er auch
eifrig nach wörtlich aufgeschriebenen Stücken, führte er so Molière, Cor-
neille, Calderon, sogar Bearbeitungen Shakespeares in Deutschland
ein (Dresden bot ihm 1685 auf etwa sechs Jahre höfischen Unter-
stand), gab er auch den „Peter Squenz“ unseres Gryphius, so war
damit doch der ganze Spielplan nicht zu bestreiten und der Prin-
zipal gezwungen, dem Stegreif, der Improvisation, noch Raum
zu lassen. Aber Velten tat das, indem er auch hier ein abgewogenes
Ganzes erstrebte, ohne der Schlagfertigkeit und ausgestaltenden
Phantasie der Schauspieler zu nahe zu treten. Nur ganz flüchtig
hatten sich bis dahin die Darsteller hinter den Kulissen über den
Canevas der Szenen verständigt und so ziemlich alles ihrer Laune
und ihren guten Einfällen überlassen, wohl auch ihrer Routine.
Velten ließ die wichtigsten Stellen auch solcher unregelmäßigen
Farcen oder Intrigen wortwörtlich festlegen und auswendiglernen
und übte in den nebensächlicheren Dialogen wenigstens die Wende-
punkte durch, damit am Abend keine Verlegenheiten entstehen konnten. Außerdem war hinter der Szene ein Blatt Papier bei einer
Kerze ausgelegt, wo genau verzeichnet stand, wie weit die Handlung
in jedem Abschnitt vorrücken sollte. Die geistige Behendigkeit seiner
„Berühmten Bande“ war dadurch keineswegs gehemmt; nach wie
vor ereignete es sich sogar, daß zwei Schauspieler, in ihre komischen
Einfälle geradezu verbissen, vom Komödiantenmeister hörbar ab-
gerufen werden mußten; aber am Schlusse des Stückes standen die
Zuschauer eben doch nicht vor einer ganz und gar zufälligen Platt-

heit, sondern einer halbwegs abgerundeten Komödie. War die Ko=
mödie nicht selbständig, sondern nur in eine ernste Hauptaktion ein=
gelassen, so klafften wohl auch bei Veltens Truppe zwei Darstel=
lungswelten: Schwulst und barockes Pathos, in Alexandrinern
von Modedichtern aufgezwungen, stach in seiner Unnatur scharf
von der Gesundheit der komischen Hälfte ab; doch hat Velten
auch nach dieser Richtung vermöge seiner erzieherischen Kraft und
weil er die vortrefflichsten Talente gewann, das Ärgste überwunden.
Sein Verdienst ist es auch, daß er der Frau auf dem Theater stän=
digen Anteil sicherte; bis dahin war nur ganz vorübergehend ein=
mal eine Frauenrolle nicht von einem Manne gespielt worden.
Nach mancherlei Ehren, die der unermüdliche Mann erfahren, ver=
weigerte ihm doch ein Geistlicher die Sterbesakramente — es sei
denn, daß er seinen Beruf abschwöre.

Caroline Neuberin. Die einzelnen Truppen hatten viel zu wenig
Verbindungen untereinander, als daß Velten hätte über ganz Deutsch=
land hin Schule machen können. Nicht einmal seine eigene, von der
Witwe weitergeführt, hielt die Fahrtrichtung ein. Eine allgemeine
Verwilderung griff Platz, so daß man um 1750 in Deutschland
eigentlich nicht weiter war als 150 Jahre vorher. Was Caroline
Neuberin zuwegebrachte, trug ja auch erst Frucht, als sie abgetreten
war. Und sie baute mehr ab als auf. In ihrem Kampfe gegen die Verwil=
derung schüttete sie das Kind mit dem Bade aus, indem sie 1737 den
Harlekin verbannte, der in etwas gelenkigerer Form an Hanswursts
Stelle getreten war und jedem Theaterleiter noch heute eine Art
tägliches Brot ist. Und ihre schauspielerische Kraft war nicht so
tief in einer starken Natur verwurzelt, daß sie auf die Verirrten
als Erleuchtung hätte wirken müssen. Wohl hörten die Jahrmarkts=
mätzchen der Tyrannenagenten unter ihrem Frauenzepter auf, aber
sie lehnte sich — zwischen Extreme gestellt — zu innig an das
modische Preziösentum an, das ebensowenig deutsch war wie das
Heldengebrülle künstlerisch. Das Schnupftuch der vornehmen Dame
kam nicht aus ihrer Hand; konventionelle, wenn auch abgerundete
Bewegungen, die der Lebendigkeit entraten, waren ihr Um und Auf,
und wer den verdeutschten Alexandriner, das Vehikel der Neuberin,
dies rein romanische Gebilde kennt, der weiß, daß er noch heute
wie Meltau auf jeder Wiedergabe liegt.

Aber als Anlauf für die erste, ganz frei gewordene deutsche

Schauspielernatur, für Konrad Ackermann, wie auch für die erste große künstlerische Persönlichkeit, für Konrad Ekhof, ist Leben und Leiden der hochgesinnten Frau, die 1760 ohne geziemende Feierlichkeit in die Erde gebettet wurde, von unschätzbarem geschichtlichen Werte.

Lessing. Fast atemlos ging es nun aufwärts; die nächsten 20, 30 Jahre führen die junge Kunst gleich auf ihre letzten Höhen, denn nach Friedr. Ludw. Schröders zweiter Direktion (1785—1798) darf man fast schon von einem Niedergang der Schauspielkunst sprechen, wieviel einzelne Besserungen auch später geschehen sind und über wieviele Städte sich auch der Begriff einer guten Aufführung noch verbreitet hat. Lessing ist unbestrittener Mittelpunkt des Aufstiegs. Bis zur „Hamburgischen Dramaturgie" (1767/68) hatte man ja im allgemeinen die schauspielerische Leistung einer ausführlichen Beschreibung oder Zergliederung nicht für wert gehalten. Und wenngleich von Kunsttheorien selten Wärme und Gestalt ausstrahlt, so dürfen wir uns bei Lessing und überhaupt in dieser Zeit solcher Seltenheit freuen. Die Schauspielkunst hat das traurige Geschick, unrettbar verloren zu sein, wenn sie aus Ohr und Auge des Publikums geschwunden ist. Und ihr bester Geschichtschreiber kann eigentlich wieder nur ein Schauspieler sein, der aus den Aufzeichnungen der Zeitgenossen den dahingegangenen Kollegen künstlerisch erlebt wie eine Rolle, die er in Ton und Gebärde umzusetzen hat. Sind auch schon die Aufzeichnungen von Schauspielerhand niedergelegt — um so besser!

Auch Lessing gehörte eigentlich zur Zunft und was er an Rollenanalysen gibt, ist beinahe wie eine Auferstehung. Er hatte als Student das Theater fleißig besucht und war lesend in die Schule der beiden Praktiker Riccoboni gegangen, die auch dem großen Schröder so viel zu Danke machten; der Nichtschauspieler Rémond de Ste. Albine dagegen, dessen Werk Lessing auszugsweise übersetzte, hatte ihn zu allerlei Widerspruch gereizt. Nur so konnte Lessing dann Sätze finden, die für alle Zeiten gelten. „Reiz am unrechten Orte ist Affektation und Grimasse" ruft er den Gezierten zu und macht sie auf den „individualisierenden Gestus" aufmerksam. „Gesinnungen und Leidenschaften" will er auf dem Theater „nicht bloß einigermaßen ausgedrückt sehen", nicht nur auf die unvollkommene Weise, wie sie ein gewöhnlicher Mensch im Leben ausdrückt, sondern auf die allervollkommenste Art; „so wie sie nicht besser und nicht vollständiger ausgedrückt werden können". Er, der gegen die französische Unnatur zu Felde zog, macht doch kräftige Unterschiede zwischen Kunst und Natur, wenn er in einem Briefe die Szene Mellefont-Sara auf ihre rein-theatralischen Bestandteile hin ansieht: er lasse Mellefont schwatzhafter werden, als er bei seiner Ungeduld sein sollte, „bloß um ihm Gelegenheit zu geben, diese Ungeduld mit einem feineren Spiele auszudrücken". Und dann wieder: hört man nicht seine Liebe zur Wahrheit und die ganze Wüstheit des vorlessingschen Deklamierens heraus, wenn er das Gesetz aufstellt, die Natur allein könne den Ton eines schauspielerischen Charakters vorbereiten, nur die Empfindung sei die Lehrerin der Beredsamkeit? Mochte Gottsched an Ekhofs Gründung einer Schauspielerakademie (1753/54) geistig beteiligt sein — beide waren einander in Leipzig nahegekommen — die eigentliche Erhebung der Schauspielkunst ging erst von Lessings niederschmetterndem Bekenntnis aus, daß das Publikum nicht reif sei für ein deutsches Nationaltheater. Als ob sich Deutschland von diesem Vorwurf reinigen wollte, schickte es in der nächsten Zeit seine besten Geister ins Feld. Ich will gar nicht von Goethe reden, dessen Götz bald rumorte, oder von Schillers Erstlingen, aber innerhalb von 20 Jahren entstanden viele Dutzende von liebevollen Schriften über die Schauspielkunst, entstanden auch die Hoftheater Gotha, Wien, Mannheim, Berlin, hißte Schröder die Fahne Shakespeares auf seinem Hamburger Hause. Lichtenbergs Briefe über Garrick gehören hierher, wenn sie auch dem Studium eines englischen Schauspielers galten; Schinks Analyse des Brockmannschen Hamlets, Ifflands „Fragmente über Menschendarstellung", die Mannheimer Protokolle, dieser Frage- und Antwortschatz, der eine ganze Ästhetik birgt; Engels sauber gearbeitete „Mimik". Und fast gleichzeitig mit Lessing schrieb Sonnenfels seine Wienerische Dramaturgie in den Briefen von 1767 und 1768 nieder, die, wenn auch gegen die Franzosen gerichtet, doch ein wenig mehr als die norddeutschen Forderungen auf Stilisierung der Schauspielerei drangen.

Wiener Stegreif. In Wien hatte nämlich der Weizen der derbkomischen Typen trotz Gottsched üppig weitergeblüht. Als Stranitzky hinkam, fand er vor allem die italienischen Masken in voller Gunst, die Pantalons, Brighellas, Scapins, Leander, Colombinen, allen voran den Arlechino; und es gelang ihm dank seiner starken

Begabung, den geschmeidigen radebrechenden Nebenbuhler aus dem Sattel zu heben: die italienische Gesellschaft löste sich auf und mußte ihm sogar das eigne Theater am Kärntnertore überlassen. Stranitzky nannte sich wieder schlechtweg Hanswurst, legte die Tracht des Salzburger Bauern an, setzte sich den grünen Hut auf und gab der erstarrten Harlekinfigur auch durch seinen ganz und gar vaterländischen Witz realistische individuelle Züge. Seinem Beispiele folgten Genossen wie Weißkern, der nun ständig Odoardo hieß und der grämliche komische Alte war; Kurz hieß Bernardon und spielte als solcher, was es zwischen Schelmerei und Tölpelei gab. Und als dann Gottscheds Einfluß doch zu wirken begann — heiße Theaterschlachten und die Briese von Sonnenfels führten das regelmäßige Drama zum Siege — starb auch gerade Prehauser (1769), Stranitzkys vollgültiger Nachfolger, und der grüne Hut verschwand, wenigstens für eine geraume Weile. Das Burgtheater bereitete sich vor, sein Geburtsjahr ist 1776.

Der Feldruf der Schauspielkunst: „Los von den Masken, hin zum Individuum" konnte jetzt leichter Gehör finden als je vorher; denn „Minna von Barnhelm", „Emilia Galotti", „Götz von Berlichingen" waren geschrieben, Shakespeare leidlich übersetzt. Was Großes aus Schillers Händen bald nachfolgte, ist ebenso bekannt. Für die Franziska genügte der abgenutzte Colombinentypus nicht mehr, für Marinelli nicht der giftmischende Tyrannenagent, noch weniger für Götz der steifleinene Königsagent. Das sah man an den wichtigen Orten wohl und sah es doch überall anders, je nach den einflußreichen Führern. Das waren vor allem Ekhof in Gotha (1775), Iffland in Mannheim (um 1780), Schröder in Hamburg (von 1771 an), Goethe in Weimar; hier erst wesentlich später; denn er herrschte von 1791—1817.

Ekhof. An Ekhof ist sein Lebtag etwas Gebundenheit hängen geblieben, wie etwa an malerischen Gestalten des italienischen Trecento, wenn man es neben dem Quattrocento betrachtet. Das vollkommen gelöste Glieder- und Charaktergebilde eines Schauspielers stünde dann in Schröder vor uns. Ekhof war von untersetzter, fast ungeschickter Figur und schwerfällig in seinen Bewegungen, ein unvergleichlicher Galotti. Trotzdem griff er auch nach andersgearteten Rollen und mußte z. B. als Tellheim mißfallen, weil er so gar nichts Liebhaberisches ausdrücken konnte. Seine Persönlichkeit lag

in der Stimme und in der Behandlung des Verses; selbst dem
Alexandriner gewann er Herzenswirkungen ab, obwohl er ihn etwas
skandierte und sich falsche Betonungen zuschulden kommen ließ, die
sein junger Verehrer und Gegner Schröder einmal boshaft an=
merkte. „Schwung, Feuer und Wohllaut" rühmt Schröder aber an
dem alten Meister, ein Lob, das freilich nur der Deklamation galt,
so daß der Sprecher an Ekhof größer gewesen sein muß als der
Spieler. Nicht aber größer als der Mensch, der Charakter, der
Deutsche; und vielleicht sind seine Mängel ein wesentlicher Teil
jedes ausgeprägt deutschen Künstlers. Daß er über seinen Beruf
viel nachdachte, beweist die von ihm gegründete, leider nur kurz=
lebige „Akademie", daß er seinen Standesgenossen helfen wollte,
sein an Schröder weitergegebenes Testament: es sollte eine Pen=
sionskasse gegründet werden. Er starb 1778.

Iffland. Ifflands Bild schillert. über keinen anderen Bühnen=
künstler ist ähnlich viel geschrieben, keiner so oft gezeichnet und ge=
malt worden. Er drückte wohl den Zeitgeist am sichtbarsten aus und
nicht ohne Berechnung. „Mosaikarbeit", „Kalkül" lehrt in den Stim=
men wieder, die uns überliefert sind. Man nannte ihn einen Natu=
ralisten, ohne daß Iffland es im heutigen Sinne je gewesen wäre;
er suchte nur fleißig Nuancen, die wir heute fast Mätzchen nennen
würden, dämpfte sogar die Leidenschaftlichkeit seiner jungen heiß=
spornigen Kollegen, etwa eines Beil, und unterschlug von vorn=
herein die abstoßenden Züge des Franz Moor, um den Zuschauern
nicht zuviel des Grauens zuzumuten. Am reinsten ist gewiß seine
Wirkung in bürgerlichen Stücken gewesen; die überlebensgroßen
Gestalten der Weltdichtung aber, Lear, Shylock, Wallenstein, Nathan,
mußte er seiner schlecht proportionierten Figur und seinem beschei=
denen Organ recht gewaltsam annähern; dabei kam mancher Zug,
kam trotz wohlangewandter Klugheit die letzte Wirkung zu kurz.
Seine Natur war nicht stark genug, als daß er sich ihr auf der
Bühne hätte ganz überlassen dürfen; so blieb irgendwo an der sonst
ausgeglichenen Leistung das trefflichste Wollen sichtbar, das die
Hindernisse, die vor dem selbstverständlichen Müssen lagen, nicht
alle überwand. Als Berater, Lehrer, Führer hat er jedoch, weil in
seinen Formen durchaus Weltmann, in Mannheim wie in Berlin,
wo er seit 1796 Direktor war, dankbarere Herzen gefunden als das ein=
zige umfassende Theatergenie seiner Zeit: Friedrich Ludwig Schröder.

Schröder. In seinem Leben, das 72 Jahre umfaßte (1744—1816), drängen sich Tiefen und Höhen der Theaterkunst eng zusammen, Not und Ehre. Heimatloser, fahrender Gaukler, in Hunger und Elend verstrickt, kundig der niedrigsten Taschenspielereien und höchster pantomimischer Fertigkeiten; Stegreifkomiker von reichster Phantasie und unentrinnbarer Wirkung; durch sein aufschäumendes Temperament von Zeit zu Zeit in große und kleine Ehrenhändel geworfen, dennoch aus tiefster Seele der Ordnung und dem Fleiße ergeben; ganz glücklich allein in einer musterhaften bürgerlichen Ehe; tragischer Schauspieler im Zeichen Shakespeares; nach künstlerischen und sittlichen Zielen hin berufener Lehrer und Gesetzgeber seiner Genossen; vor allem aber Könner und Erfüller; hochgeschätzt von den bedeutendsten seiner Mitstrebenden, von Lessing, Goethe, Schiller; Gewissen und Vorbild der Theaterleute bis auf unsere Tage. Noch heute trägt ein Pensionsverein an der Wiener Burg in aller Stille seinen Namen; die Grundsätze seines Schaffens, die uns sein erster Biograph F. L. W. Meyer auf weniger als zwei Druckseiten überantwortet hat, sind wie für das Merkbuch eines modernen Schauspielers geschrieben, und seine Anmerkungen zu Franz Riccobonis „Vorschriften" schließen in bewundernswerter Klarheit auch das ein, was wir erst im letzten Menschenalter entdeckt zu haben glauben: Schlichtheit des körperlichen und seelischen Ausdrucks.

Sein Vater ist ihm nie zu Gesicht gekommen. Aber geerbt hat er von dem unsteten Musiker mancherlei, das ihm ganze Jugendjahre vergällte, das ihm aber vielleicht auch die vollkommensten Stunden seines Lebens schaffen half. Alle Wildheit, die sich in ihm gegen falsche Zucht und gegen verzierlichte und verlogene Kunst aufbäumte, kam daher; doch auch die lodernde Gewalt des Herzens, aus der die Flüche seines Lear dereinst so urkräftig hervorbrechen sollten, daß die Darstellerin der Goneril sich weigerte, sie ein zweites Mal über sich ergehen zu lassen. Die Gaben von mütterlicher Seite her sänftigten endlich zur reinen Künstlerschaft, was sich anfänglich gar zu landstreicherisch in ihm gebärdete.

Konrad Ernst Ackermann, hervorragend als Komiker, tüchtig als Komödiantenmeister, ward sein Stiefvater. Das Künstlerehepaar hat in würdigster Gemeinschaft und unter unsäglichen Mühen die Bahn bereitet, an der Friedrich Ludwig Schröder von 1771 an seinen stolzen Bau aufführen konnte. Seine Erziehung war sehr

unruhig. Die Jesuitenschule in Warschau bemühte sich um ihn un:
überredete ihn fast, im Kloster zu bleiben; dann wieder behielt ma:
ihn daheim und zerrte — Vater und Mutter — an ihm herum
bis er verstockt und lügenhaft wurde; endlich durfte er — ei:
Zwölfjähriger — das Collegium Fridericianum in Königsberg be-
ziehen, dem er auch in Kost und Quartier gegeben wurde, als die
Eltern wegzogen. Lernhungrig prägte er sich etwas Lateinisch und
gutes Französisch ein, machte auch auf dem Klavier Fortschritte,
aber der pietistisch enge Gesichtswinkel der Anstalt brachte ihn un-
aufhörlich in Konflikte. Als gar die Einzahlungen der selber arg
bedrängten Eltern ausblieben, ward er auf die Straße gesetzt und
begann, von allen Mitteln entblößt, eine Odyssee zu Wasser und
zu Lande nach Solothurn. Die Leidenswege der bereits 1753 in
Königsberg gebildeten Ackermannschen Theatergesellschaft, die bis
in die Schweiz verschlagen war, wurden nun auch die Schröders;
von seinem fünfzehnten Lebensjahre an bis zum Ende seiner
zweiten Direktion (1759—1798) wirkte er als Schauspieler, so
lieb ihm auch noch bis in die Mitte seiner dreißiger Jahre die
Tanzkunst blieb. Ein Lustrum lang fuhr er mit den Seinen und
einer zahlreichen, ausgezeichneten Truppe im Westen, Süden und
Nordwesten Deutschlands hin und her, das Elsaß und die
Schweiz nicht zu vergessen. Die beiden Naturelle Ackermann und
Schröder platzten fort und fort aufeinander; mehrmals gab's
Flucht und Versuchung; Duell und Kriminalgefängnis spielten
sogar hinein. Als Darsteller aber machte er von vornherein den
Eindruck geschlossener Persönlichkeit. Vorläufig trat er nur in komischen und Nebenrollen hervor. Im Gegensatz zur älteren Neu-
berschen und Schönemannschen Gesellschaft wurde in der Ackermannschen aller Singsang der Rede vermieden, und dem Spott
des jungen Schröder entging keiner und keine, die durch Dehnung
oder Tremolieren bedeutsam erscheinen wollten. Nur das Lebendige galt. Als Ackermann 1771 starb, übernahm Schröder im
Namen seiner Mutter das gesamte künstlerische Geschäft, ohne in
seinem bescheidenen Lehrlingsgehalt wesentlich zu steigen. Im Nu
war er verwandelt. Die Aufgabe fand ihren Mann. Sein Ruhm,
der Ruhm des deutschen Theaters begann einen kerzengeraden Weg
zur letzten Höhe. Shakespeare war sein Handbuch geworden, seit-
dem er   1762   den ersten Band von Wielands Übersetzung

kennen gelernt hatte. Aber auch jedes andere irgendwie bedeutsame
Stück trug er den Kunstgenossen zu: „Emilia Galotti" las er ihnen
zweimal vor. Nie war er rollensüchtig. In „Emilia" teilte er sich
nur den Angelo zu (mußte dann freilich den Marinelli und weiter-
hin den Odoardo spielen), in „Minna von Barnhelm" den Just
(später den Werner), im „Götz" den Bruder Martin, Lerse und
den Ältesten des heimlichen Gerichts, im „Hamlet" den Geist und
den Totengräber (später die Titelrolle), im „Barbier von Sevilla"
den Bartolo, in „Maß für Maß" den Herzog, in „Viel Lärm um
nichts" den Leonato (später den Breitenau=Benedikt), in „Fiesco"
den Andreas. Eine Gesellschaft gebildeter Theaterfreunde gründete
sich, die es übernahm, das Publikum auf neuartige Ereignisse vorzubereiten; Theaterblätter flatterten auf. Sogar die Inhalts=
angaben, wie sie etwa das Berliner Schillertheater und manche
Volksbühnen heute ihren Abonnenten überreichen, haben ihren Ur-
sprung bei Schröder, der auf ähnliche Weise Goethes seltsamen
„Götz" einführte. Mit Steinbrüchels „Theater der Griechen" machte
er seinen Freundeskreis bekannt, mit Wielands ganzem Shakespeare; die Stürmer und Dränger fanden ihre Statt bei ihm, ob
auch kein Kassenglück bei Lenzens „Hofmeister" und Genossen war.
Das Publikum zum Abonnement zu bewegen, gelang damals noch
nicht, aber er versuchte es doch. 1775 erließ er eine Aufforderung,
dramatische Produktionen und Übersetzungen einzureichen, und versprach — die Tantième war noch nicht erfunden — für jedes Ori-
ginalwerk hundert, für eine Übersetzung dreißig Taler, sofern sie sich
zur Aufführung eigneten. Nachher füllte er vier Bände „Ham=
burgisches Theater" damit an, zum Frommen anderer Bühnen. Als
Shakespeares „Heinrich IV." nicht gefallen wollte, trat er vor den
Vorhang: „In der Hoffnung, daß dieses Meisterwerk Shakespeares
... immer besser verstanden werde, wird es morgen wiederholt."
Ähnlich verfuhr er bei „Maß für Maß". Zwischendurch bereiste
er, um andere Theater kennen zu lernen und Talente zu finden,
eine Reihe deutscher Städte. Voll von Plänen kehrte er heim. Ein
stürmisch bejubelter Hamburger „Hamlet" war die Folge mißglück-
ter Prager und Wiener Versuche, denen er beigewohnt. Für „Macbeth" suchte er Gottfried August Bürger als Übersetzer zu gewinnen,
doch der kam leider über die Hexenszenen nicht hinaus. „Othello"
brachte er in aller Shakespeareschen Reinheit heraus, ohne rechte

Zustimmung des mehr gequälten als erschütterten Publikums. Da
ließ er denn Desdemona am Leben, wie ja auch Cordelia und Hamlet in Hamburg nicht sterben durften. Andre Rollen: Lear, Macbeth,
Shylock, Jago, Falstaff, Richard II., Carlos in „Clavigo‟, der Richter von Zalamea (damals Graumann geheißen), Schillers Miller
und König Philipp, Molières Harpagon, Holbergs politischer
Kannegießer. Aber der beliebteren Rollen, die heute fremd an
unser Ohr klingen, gibt's in seinem Repertoir Hunderte. Dem Her-
vorruf konnte er wenig Geschmack abgewinnen, Benefizvorstellun-
gen ebensowenig. In seinen öffentlichen Ankündigungen war er
zurückhaltend; er versprach stets weniger als er hielt. Die Theater-
gesetze, die er gab, sind eins mit seinem Wesen, dessen Lauterkeit sich
auch in der glücklichen Ehe mit Anna Christine Hart durch dreiund-
vierzig Jahre bewährte.

Im Jahre 1780 gab er das Hamburger Theater an 30 Aktio-
nisten ab und genoß den Triumph des unbestrittenen ersten Schauspielers auf Gastspielen in Berlin, Wien, München und Mannheim;
er besuchte Gotter in Gotha, Goethe in Weimar. Mit dem Wiener
Burgtheater — Kaiser und Kaiserin hatten ihn empfangen — schloß
er einen vorteilhaften Vertrag, den er doch, nachdem er sich 1781
von Hamburg verabschiedet, nur wenige Jahre ausnützte. Dann
trieb's ihn wieder nach dem Norden. Von 1785 bis 1798 führte er
die Direktion zum zweiten Male mit ungeschwächter Kraft. Und
jetzt entstand auch die Pensionsanstalt, von der Ekhof geträumt hatte.
Dann pflegte er in seinem Landhaus zu Rellingen der Ruhe, beriet
die Kunst in aller Stille, spann alte Fäden mit den Großen seiner
Zeit weiter oder knüpfte neue und schrieb für den Tagesbedarf Stück
auf Stück. In schwacher Stunde wurde er, ein 67jähriger, seiner
Ruhe überdrüssig; er stürzte sich in die dritte, wie er sie selbst
nennt: „infame Entreprise‟, die schon im nächsten Jahre zer-
fiel. Dann lebte er, ein Weiser und Wohltätiger, den Rest seines
Daseins hin; die neue Theaterjugend wallfahrtete zu ihm, Ludwig
Devrient an ihrer Spitze.

Den vierten großen Schauspielerführer jener Zeit, Goethe,
einzeln vorzuführen, erübrigt sich hier; er soll nur in seinem Verhältnis zu den dreien gestreift werden; was Treffliches er über die
Schauspielkunst gesagt, ist dem Gebildeten aus seinem „Wilhelm
Meister‟ geläufig.

Goethe als Theaterleiter. Goethe gilt allgemein als der Gegner jeder halbwegs natürlichen Schauspielkunst. Seine weitbeschrienen „Regeln", die uns übrigens nur in Eckermanns Überarbeitung vorliegen, scheinen nun freilich dem Darsteller viel Zwang anzutun und neigen mehr französischer als lessingisch=deutscher Art zu. Derselbe Goethe aber nennt in der „Kampagne" den Natur= und Konversationston gewisser zeitgenössischer Schauspieler „höchst lobenswert und erfreulich, wenn er als vollendete Kunst, als eine zweite Natur hervortritt". Und er verehrte Schröder und Iffland, die seiner „Regeln" spotteten. Der Widerspruch kommt einesteils daher, daß Goethe eben kein Berufs=Komödiantenmeister war und seinen Schauspielern nicht handgreiflich helfen konnte, andernteils aber fehlte es seinem gering subventionierten Theater an starken Talenten, wie sie in Hamburg, Berlin, Wien und Mannheim saßen. Er war schon froh, seinem Personal die „Grammatik" beibringen zu können, wie noch heute ein Schauspiellehrer seinen Schülern manches vorenthalten muß, was er seinen Kollegen als Spielleiter sagt. Wer von den Kleinen in Weimar wußte denn einen Vers zu sprechen, wer sich ein wenig höfisch, ach, nur höflich zu benehmen? Hätte Goethe nun seine g a n z e Zeit in schauspielerischer Umgebung zugebracht wie eben ein echter Komödiantenmeister, so wäre ihm auch hier der rechte Erziehungston geglückt; so aber gastierte er er doch eigentlich nur an seinem Theater. Und freilich färbte seine Peinlichkeit in handwerklichen Dingen auch auf die begabteren Elemente seiner Bühne ab und beengte sie, so daß ein grobes Pamphlet von einer seiner Aufführungen zu sagen wagte, das sei nicht einmal mehr französische Manier, das sei schon ihre Travestie. Goethe schob seine Könige und Bauern wie auf dem Schachbrett von Quadrat zu Quadrat, erreichte damit jedoch wenigstens Einheitlichkeit, wie sie damals wohl nur Schröder in Hamburg, auf einer wesentlich höheren Ebene, verwirklichte.

Mannheim und Berlin. Denn die Mannheimer spielten recht lange nur mit „Laune" und ohne Probenfreude, ließen's auch an Textgenauigkeit fehlen. Das bedeutet Aufführungsanarchie und fürs Publikum Lieblingswirtschaft. Wenn auch Iffland mit seinen beiden Gothaer Freunden Beil und Beck — sie hatten dort Ekhofs letzte Zeiten erlebt — einen hochherzigen Jünglingsbund geschlossen, der sie zu reinster Betätigung verpflichtete, so konnten sie fürs erste doch

nur für sich selbst stehen, nicht auch für die andern, die neben ihnen
Rollen spielten. Immerhin werden sie das Schlimmste abgestellt
haben, und als Iffland 1796 Mannheim aufgab, um als künstlerischer Leiter nach Berlin zu gehen, standen die Mannheimer Leistungen gewiß höher als vor Schröders, ihr künstlerisches Auge
weitendem Gastspiele (1780) und sprühten von stärkerem Leben als
gleichzeitige weimarische. Die drei Freunde beobachteten einander
genau und sprachen sich rückhaltlos darüber aus, wo die Wahrheit
in Manier und wo sie in Gemeinheit ausartete, der Anstand zur
Geziertheit wurde. Sie gingen, um es einander an Bescheidenheit
zuvorzutun, dem Applaus auf offener Szene manchmal sogar zu
absichtlich aus dem Wege; keiner auch durfte in einer Nebenrolle
das Auge des Zuschauers vom Hauptcharakter ablenken, beim stummen Spiel mehr austragen, als die Sache forderte. Vor allem: bei
leerem Hause wollten sie mit verdoppelter Hingabe am Werke sein.
Was Iffland dann in Berlin schuf, lag in der gleichen Richtung,
und seine ungewöhnliche Arbeits- und Organisationskraft verrich-
tete Wunder. Allerdings mußte auch er erfahren, daß die Schauspieler gern wider den Stachel löken (in Mannheim hatte er ihnen
das als eine Art Naturrecht zugestanden!) und darum nicht immer
die gütige Hand respektieren: so griff er denn hin und wieder fester
zu als ihnen lieb war. Durch persönliche Würdigkeit hob er den
ganzen Stand und wachte eifrig über der guten Führung des Personals. Alle Proben leitete er selbst, kümmerte sich liebevoll um
Dekorationen und Kostüme und studierte mit den jungen Kunst-
beflissenen die Rollen persönlich. Es gelang ihm, auch bedeutende
Mitglieder zur Übernahme kleiner Aufgaben zu bewegen. Der Dar-
stellungsstil der Aufführungen war sein eigener; der Vers wurde
der Prosa angenähert, das ganze Spiel hatte darum auch in natur-
serneren Tragödien leicht einen bürgerlichen Einschlag, und da er
selbst ein Freund wirksamer Ausschmückungen war, duldete er sie
auch bei andern. Sein stärkster Schauspieler war Fleck; als Nachfolger für sich selbst — er starb 1814 — gewann er noch Ludwig
Devrient, das Genie der begabten Familie.

Gotha. Was hatte er nun für sein erzieherisches Amt von Ekhof
lernen können, der dem ersten und kleinsten deutschen Hoftheater
vorgestanden? So ziemlich alle Grundlagen: die Achtung vor der
Probe, die der Eckstein des Theaters ist; die vollkommene Los-

lösung vom französischen Vorbild, das in der Neuberin noch sicht=
bar geblieben; die Wichtigkeit und Notwendigkeit makelloser Cha=
rakterführung. Ekhof war gerade dadurch der erste Schauspieler,
dem sich die bedeutendsten Köpfe des Landes zuwandten; Künstler
und Kunstwerk in seiner Persönlichkeit eines! Daß er wohl gar eine
Probenschwänzerin „nachsitzen" ließ und daß seinen Vorstellun=
gen, freilich anders als später in Weimar den goethischen, etwas
Pedanterie anhaftete, trug ihm den Vorwurf der Schulmeisterei
ein. Aber den Theaterfachmann, der sich heute in das gothaische
Trüppchen von 1775 hineindenkt, nimmt solche Anklage nicht wun=
der; sie kann auf sehr schwachem Grund gestanden haben. Ekhofs
Geist hatte nicht die Reichweite Schröders, sein Lebenstempo war
ruhiger als das des ehemaligen Tänzers, auch als das des prickeln=
den Iffland, aber so ganz war er, der den schlichten Sprechton in
die Trauerspiele eingeführt und mit aller Sentimentalität auf=
geräumt, auch äußerlichen Fortschritten nicht abhold: er verbannte
die gepuderte Perücke und den Reifrock zugunsten griechischer und
mittelalterlicher Kostüme und Frisuren von seiner Bühne. Goethes
„Götz" und Shakespeare zogen ihn nicht an, sowie Iffland viel spä=
ter zu Kleist keinen Weg fand.

Hamburg. Schröder, Mitstrebender Ekhofs und Vorläufer
Goethes und Ifflands auf dem Gebiete der Schauspielererziehung,
ist gleichwohl ihre Vollkommenheitsform. Er war kein Allesspieler
wie Ekhof und kein Nuancenfreund wie Iffland; ihm nahmen auch
Staatsgeschäfte nicht den halben Tag weg wie seinem erlauchten
Kollegen Goethe. Was immer uns über seine Arbeitsweise berichtet
wird — er selbst hat theoretisch und erzählend wenig von sich ge=
geben — überall, in jeder Anekdote stehen wir an Marksteinen schau=
spielerischer Kunst. „Es kommt mir nicht darauf an hervorzu=
stechen und zu schimmern, sondern auszufüllen und zu sein." Das
strahlt über Immermanns, Laubes, des Herzogs von Meiningen
Arbeit hin bis zu Brahm. Und daß er ein neuengagiertes Mitglied
bei voller Gage erst sechs Wochen lang zuschauen läßt, damit es
sich in das Wesen des Schröderschen Theaters hineinfühlen könne,
das ist bis heute noch nicht wiederholt worden, so notwendig es
auch wäre. Ein freiwilliger Stab von Helfern umgab ihn und
trug seine Absichten ins Publikum; nie aber hat er mehr ver=
sprochen als gehalten. Ihm ist sogar gelungen, die allezeit anma=

2*

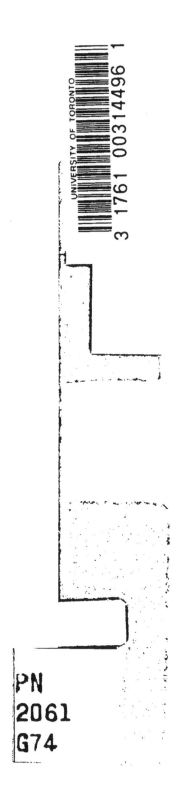

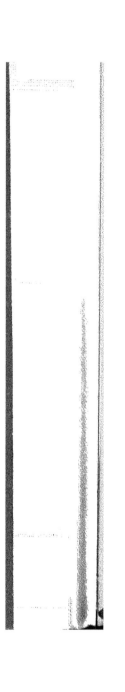

Aus Natur und Geisteswelt

692

F. Gregori

Der Schauspieler

B.G. Teubner · Leipzig · Berlin

Rückblick auf die geschichtliche Entwicklung.

Erste Regungen und geistliche Spiele. Der Trieb, der im Schauspieler vorwaltet, ist wahrscheinlich älter als jeder andere künstlerische, wenn er auch erst lange nach allen anderen ins Künstlerische emporwuchs. Auf welcher niedrigen Stufe der Menschheit
schon mag ein Vater die unartigen Kinder mit einer Abart unsres
strafbeflissenen „schwarzen Mannes" erschreckt haben! Dazu war
eine Verstellung der Stimme nötig, manchmal sogar ein Verkleiden.
Noch vielleicht bevor man sich Götter gegenüberstellte, fühlte sich die
Jugend des Landes als Frühling, das Alter als Winter, kränzte die
eine ihr Haar mit frühem Laub und Lenzblumen, bückte sich das
andere scheinbar ächzend unter kahlem Reisig und Baumflechten, um
an festlichem Tage den Stammesgenossen den Eintritt einer neuen
Jahreszeit handgreiflich vorzuführen. Vor allem aber traten wohl
schon sehr früh die unterhaltsamen Käuze hervor, die mit Sprüngen
und Scherzen lange Abende zu kürzen wußten. Und auch hier war die
Wirkung gewiß um so größer, je weiter der Spaßmacher von seinem
Alltagsaussehen abwich — was wunder, daß er für solche Zusam-
menkünfte bald eine typische Maske wählte, in der er, noch ehe er den
Mund auftat, die Lacher auf seiner Seite hatte; und waren es auch
„hundert Flecke", die er zu diesem Zwecke seiner Tracht aufflicken
mußte. Auch wird es in der vorchristlichen Zeit bei unsern Vor-
fahren nicht viel anders gewesen sein als nachher in der christlichen;
die Priester werden sich wahrscheinlich schon damals der völkischen
Begabungen bedient haben, um ihre Götterfeste recht eindringlich
zu gestalten; die Verehrung der Naturgewalten, die Schlachtweihen
wurden Auge und Ohr erregende Schauspiele, zu denen die Geist-
lichkeit laienhafte Unterstützung heranzog. Wie sehr auch bis in
unsre Zeit hinein die christliche Kirche gegen das Theater geeifert
und seine Darsteller verachtet hat, sie sah schon recht früh ein, daß
geistliche Spiele größeren Zulauf hatten als der ständige Gottes-
dienst, und sie baute sie auf der Bibel und den liturgischen Ge-
sängen auf; sah aber auch, daß sie in rein klerikaler Darbietung
allzu steif, zu einseitig-erbaulich und -belehrend waren, als daß sich

1*

Stadt zur andern, aber man wird kaum alle Darsteller mit-
genommen haben. Das waren ja Handwerker, Zunftgenossen, Mei-
stersinger, die sich (wie heute dramatische Abteilungen großer Ver-
einigungen) aus Anlaß besondrer Festlichkeiten zusammengetan hatten
und deren eigentlicher Beruf weiterging. Die Klöster arbeiteten dieser
Ungefährlichkeit trotzdem entgegen oder fühlten sich doch weit er-
haben über sie, indem sie die lateinische Schulkomödie pflegten.
Aber auch was sie damit wollten und was Luther daran be-
günstigte, stand künstlerischen Zielen meilenfern: die lateinische
Sprache sollte gepflegt, der mitwirkende Schüler mit den Lebens-
verhältnissen frühzeitig vertraut gemacht werden. Bunter war das
Bild, das die Jesuiten mit ihren Spielen schufen: wieder mischten
sie aus Weltklugheit Deutsch und Latein und boten auch den Augen
durch prächtige Aufzüge und Umrahmungen erquickende Weide.

Hans Sachs. Wenn etwas den Schauspielern vorwärtshelfen
konnte, so waren es die 200 Stücke und Stückchen von Hans Sachs,
der um 1550 in Nürnberg das erste deutsche Schauspielhaus erbauen
half und dafür unermüdlich und mit großer Fruchtbarkeit wirkte. Auch
er wie seine genialeren Nachfahren Shakespeare und Molière Theatermensch durch und durch, eigener Spielleiter und Darsteller. Allein
seine Bühnenanweisungen sind Riesenschritte aus den Mysterien
und Moralitäten geistlicher Herkunft heraus. Man sieht, die Charaktere haben hier Beine zum Gehen, Arme, um zu winken, Augen,
um Tränen zu weinen; sie sprechen nicht aneinander vorbei, be-
lauschen einander; und keine Unze Welschtum ist an ihnen. Aus
der katechisierten Moral wird freie Sittlichkeit. Das Volkstümliche
springt uns daraus an wie ein edler Hund, der in Einsamkeit
und Fremde treu geblieben und den wir nicht genug streicheln
können. Zwar von der dramatischen Verteilung der Stoffe spüren
wir wenig, und darum sind unsrer Bühne auch diese schlichten Köst-
lichkeiten allmählich entglitten; aber wären seine Werke damals
einem wirklichen Schauspielerstande in den Schoß gefallen und
nicht im engen Zunftbereiche der Dilettanten geblieben, wäre über-
dies an den Höfen des 16. und 17. Jahrhunderts ein stärkeres
Volksempfinden zu Hause gewesen, so hätten es Prinzipale wie Treu
und Magister Velten leichter gehabt, den Grund zum Bau des Berufs zu legen und ihr Publikum mit reinlichen Gaben zu befriedigen.

beſſer und nicht vollſtändiger ausgedrückt werden können". Er,
der gegen die franzöſiſche Unnatur zu Felde zog, macht doch kräf=
tige Unterſchiede zwiſchen Kunſt und Natur, wenn er in einem
Briefe die Szene Mellefont=Sara auf ihre rein=theatraliſchen Be=
ſtandteile hin anſieht: er laſſe Mellefont ſchwaßhafter werden, als er
bei ſeiner Ungeduld ſein ſollte, „bloß um ihm Gelegenheit zu
geben, dieſe Ungeduld mit einem feineren Spiele auszudrücken".
Und dann wieder: hört man nicht ſeine Liebe zur Wahrheit und
die ganze Wüſtheit des vorleſſingſchen Deklamierens heraus, wenn
er das Geſeß aufſtellt, die Natur allein könne den Ton eines ſchau=
ſpieleriſchen Charakters vorbereiten, nur die Empfindung ſei die
Lehrerin der Beredſamkeit? Mochte Gottſched an Ekhofs Gründung
einer Schauſpielerakademie (1753/54) geiſtig beteiligt ſein — beide
waren einander in Leipzig nahegekommen — die eigentliche Er=
hebung der Schauſpielkunſt ging erſt von Leſſings niederſchmettern=
dem Bekenntnis aus, daß das Publikum nicht reif ſei für ein
deutſches Nationaltheater. Als ob ſich Deutſchland von dieſem Vor=
wurf reinigen wollte, ſchickte es in der nächſten Zeit ſeine beſten
Geiſter ins Feld. Ich will gar nicht von Goethe reden, deſſen Göß
bald rumorte, oder von Schillers Erſtlingen, aber innerhalb von
20 Jahren entſtanden viele Dußende von liebevollen Schriften
über die Schauſpielkunſt, entſtanden auch die Hoftheater Gotha,
Wien, Mannheim, Berlin, hißte Schröder die Fahne Shakeſpeares
auf ſeinem Hamburger Hauſe. Lichtenbergs Briefe über Garrick
gehören hierher, wenn ſie auch dem Studium eines engliſchen
Schauſpielers galten; Schinks Analyſe des Brockmannſchen Ham=
lets, Jfflands „Fragmente über Menſchendarſtellung", die Mann=
heimer Protokolle, dieſer Frage= und Antwortſchaß, der eine ganze
Äſthetik birgt; Engels ſauber gearbeitete „Mimik". Und faſt gleich=
zeitig mit Leſſing ſchrieb Sonnenfels ſeine Wieneriſche Dramaturgie
in den Briefen von 1767 und 1768 nieder, die, wenn auch gegen die
Franzoſen gerichtet, doch ein wenig mehr als die norddeutſchen For=
derungen auf Stiliſierung der Schauſpielerei drangen.

Wiener Stegreif. In Wien hatte nämlich der Weizen der derb=
komiſchen Typen troß Gottſched üppig weitergeblüht. Als Stra=
nißky hinkam, fand er vor allem die italieniſchen Masken in voller
Gunſt, die Pantalons, Brighellas, Scapins, Leander, Colombinen,
allen voran den Arlechino; und es gelang ihm dank ſeiner ſtarken

unruhig. Die Jesuitenschule in Warschau bemühte sich um ihn und
überredete ihn fast, im Kloster zu bleiben; dann wieder behielt man
ihn daheim und zerrte — Vater und Mutter — an ihm herum,
bis er verstockt und lügenhaft wurde; endlich durfte er — ein
Zwölfjähriger — das Collegium Fridericianum in Königsberg be=
ziehen, dem er auch in Kost und Quartier gegeben wurde, als die
Eltern wegzogen. Lernhungrig prägte er sich etwas Lateinisch und
gutes Französisch ein, machte auch auf dem Klavier Fortschritte,
aber der pietistisch=enge Gesichtswinkel der Anstalt brachte ihn un=
aufhörlich in Konflikte. Als gar die Einzahlungen der selber arg
bedrängten Eltern ausblieben, ward er auf die Straße gesetzt und
begann, von allen Mitteln entblößt, eine Odyssee zu Wasser und
zu Lande nach Solothurn. Die Leidenswege der bereits 1753 in
Königsberg gebildeten Ackermannschen Theatergesellschaft, die bis
in die Schweiz verschlagen war, wurden nun auch die Schröders;
von seinem fünfzehnten Lebensjahre an bis zum Ende seiner
zweiten Direktion (1759—1798) wirkte er als Schauspieler, so
lieb ihm auch noch bis in die Mitte seiner dreißiger Jahre die
Tanzkunst blieb. Ein Lustrum lang fuhr er mit den Seinen und
einer zahlreichen, ausgezeichneten Truppe im Westen, Süden und
Nordwesten Deutschlands hin und her, das Elsaß und die
Schweiz nicht zu vergessen. Die beiden Naturelle Ackermann und
Schröder platzten fort und fort aufeinander; mehrmals gab's
Flucht und Verfluchung; Duell und Kriminalgefängnis spielten
sogar hinein. Als Darsteller aber machte er von vornherein den
Eindruck geschlossener Persönlichkeit. Vorläufig trat er nur in ko=
mischen und Nebenrollen hervor. Im Gegensatz zur älteren Neu=
berschen und Schönemannschen Gesellschaft wurde in der Acker=
mannschen aller Singsang der Rede vermieden, und dem Spott
des jungen Schröder entging keiner und keine, die durch Dehnung
oder Tremolieren bedeutsam erscheinen wollten. Nur das Leben=
dige galt. Als Ackermann 1771 starb, übernahm Schröder im
Namen seiner Mutter das gesamte künstlerische Geschäft, ohne in
seinem bescheidenen Lehrlingsgehalt wesentlich zu steigen. Im Nu
war er verwandelt. Die Aufgabe fand ihren Mann. Sein Ruhm,
der Ruhm des deutschen Theaters begann einen kerzengeraden Weg
zur letzten Höhe. Shakespeare war sein Handbuch geworden, seit=
dem er — 1762 — den ersten Band von Wielands Übersetzung

ßende Oper auf den Raum eines einzigen Tages in der Woche
zurückzudrängen. Die wenigen Bemerkungen, die er zu Franz Riccobonis „Kunst des Schauspielers" macht, sagen uns mehr, als Film-
und Grammophonaufnahmen zuwegebrächten. Wenn er hierbei den
„gehaltenen" Ton empfiehlt und ihn gleichzeitig für das Schwerste
hält; wenn er also verlangt, daß in dem Satze: „Es sei mir erlaubt zu fragen, ob wir uns schon irgendwo getroffen haben?"
weder Stärke noch Höhe des Tons variiere; oder wenn er den
Akzent eines zweiten Satzes nur durch Verstärkung des Tons, nicht
durch Erhöhung bezeichnet hören will: „Nur Narren können
das Leben achten!" — so wohne ich tatsächlich einer Aufführung
um 1780 bei, die um 1880 aller Einsichtigen unerfüllter Wunsch
war; und ich bedarf dazu nicht einmal mehr seiner Anweisungen
für die körperliche Beredsamkeit, weil zu seiner gehaltenen Rhetorik nur eine gehaltene Gestik möglich ist.

Das 19. Jahrhundert. Friedrich Ludwig Schröder war von 1771
an eine einzige Erfüllung; für seine eigene Person und für den
schauspielerischen Charakter überhaupt. Die damaligen Gegensätze
Weimar=Berlin, ja die weniger auffälligen von heute zwischen Berlin und Wien — eckig und rundlich, geradezu und feierlich — lösten
sich im Hamburg Schröders fast chemisch und bodensatzfrei. Es
blieb dem 19. Jahrhundert nichts übrig als mit Schröders Pfunde
zu wuchern; und wo nun auch gekämpft wurde, ging es um die alten
Objekte, Dichter und Darsteller ins rechte Verhältnis zu setzen und
die Darsteller untereinander. Immermann arbeitete in Düsseldorf
mit seinen homogen durchgebildeten, aber mittelmäßigen Aufführungen dem Schlendrian entgegen, der sich in Probenlosigkeit gefiel und gern einen Virtuosen hinzuzog, um mit ihm das Haus zu
füllen. Die „Muster=" und „Meisterspiele" in München und Berlin
haben im Grunde auch nur durch Einzelleistungen gewirkt, die hart
und unverglichen nebeneinander, fast gegeneinander standen. Mit
lauterster Gewissenhaftigkeit ging der Herzog von Meiningen dagegen an, aber er verfügte wiederum nicht über die besten Kräfte
jener Tage. Und wie in der Literatur Naturferne und Naturnähe
Schlachtrufe wurden, so übertrieb man auf der Bühne Alltags=
gewohnheiten in Haltung und Sprache oder verband den Begriff
der stilisierten Dichtung mit Steifheit und Blutleere. Alles wohl-
bekannte Bewegungen aus den Lehr= und Wanderjahren der Schau-

spielkunst. Unter Schreyvogel und Laube an der Wiener Burg und in Berlin an verschiedenen Orten unter Förster-L'Arronge, Brahm war und unter Reinhardt ist freilich an manchem Tage der wundergleiche Zusammenschluß von Spielleitern und Darstellern erster Ordnung zu spüren, der an die höchste Vollendung rührt, aber Schröder hatte in seine „Emilia Galotti", seinen „Hamlet" und „Carlos" auch volle Harmonie gebracht. Neu war nur eins, das unter Brahm zuweilen auffiel: der Dichter herrschte über den Schau-spieler, auch wo der Schauspieler stark genug gewesen wäre, sich neben ihm zu behaupten. Und von der Umwelt ist zu sagen, daß Schröder zwar auch schon das geschlossene Bühnenzimmer kannte, aber Licht, Farbe, Linie in Schauplatz und Kostüm schon aus tech-nischen Gründen nicht so ausnützen konnte, wie es heute sogar einem kleinen Stadttheater möglich ist. So bleiben denn auch die hieraus entstehenden Tendenzbewegungen gegen die naturalistische Ausstat-tung, für die stilisierte Raumgestaltung Eigentum unsrer Zeit.

Persönlichkeitsrichtungen. Und neu, immer neu sind die schau-spielerischen Individualitäten, durch deren Temperamente die Dich-ter wiederum immer neu erscheinen und denen die Zuschauer immer neue Liebe entgegenbringen. Rückstände der starren italienischen Masken finden wir nur noch bei Darstellern niederer Begabung. Was anderes war es schon um 1780 als Befreiung, wenn Johann Laroche in Wien, der mit seiner komischen Kraft losschlagen wollte, sich Kasperle nannte statt Harlekin oder Hanswurst und wenn Hasenhut seinen Thaddädl individualisierend hinzugesellte! Der Parapluiemacher Stabert, das Wiener Früchtel, der Tiroler Wastl, der dumme Anton, Tinderl der Schmarotzer, Rochus Pumpernickel — jeder Komiker wollte was Besonderes sagen, gleich durchs Ko-stüm; dies Besondre dann freilich recht oft, in recht vielen Stücken. So blieb äußerlich, im Namen und wahrscheinlich aus Popularitäts-gründen, noch ein Restchen Maske hängen; Scholz, Raimund und Nestroy streiften dann auch das ab.

Bis etwa zum Jahre 1830 wirkten die Schauspieler auch in der Oper mit und nicht nur in kleinen Partien: der Marquis Posa Beschort war nebenher Mozarts Don Juan. Auch da wurde schließ-lich Arbeitsteilung durchgeführt und heute sind wir nicht nur von der typischen Maske, sondern sogar von der weitherzigeren „Fach-bezeichnung" abgekommen und nennen einander in den Verträgen

nur „Schauspieler". Bloß auf kurze Zeit kann jetzt eine starke
Kraft an einem kleinen oder mittleren Theater bleiben. Berlin und
Wien, Hamburg, Dresden und München ziehen sie bald am Ma=
guete höheren Einkommens und glänzenderer Umgebung heraus.
Schröder ist in seiner Fülligkeit sozusagen ganz ohne Wiederkunft
geblieben, während die Linie, auf der Ekhof stand, sich etwa in den
prächtigen Gestalten der Anschütz, Berndal, Baumeister, Lewinsky,
Helene Hartmann=Schneeberger, Förster, Wegener, Kahßler fort=
gesetzt hat; auch Oscar Sauer, Artur Vollmer, Wüllner, Hedwig
Bleibtreu, Ilka Grüning sehe ich in dieser Nähe. Die weniger ge=
bändigte Gipfelbegabung tritt uns zuerst imposant in Fleck, dann in
Ludw. Devrient entgegen; ihr heißer Atem weht uns in der Sophie
Schröder des Burgtheaters an (auch die Sängerin Schröder=De=
vrient möchte man hier nennen), in Charlotte Wolter, Dawison,
Mitterwurzer, Matkowsky. An Jfflands zergliedernderes Schaffen
kann man etwa Seydelmann, Bassermann, Gertrud Eysoldt an=
schließen; dazu parallel geht der Zug der großen Liebenswürdigen:
Karl La Roche und Fichtner aus dem älteren Wien, Sonnenthal,
Ernst Hartmann, Josephine Wessely und Stella Hohenfels aus
dem mittleren; im Norden die Bethmann=Unzelmann, Agnes Sorma
und Alexander Moissi. Eine Gruppe der bedeutsamen Feierlichen
bilden Pius Alex. Wolff, Emil Devrient und Emerich Robert. Die
Gewalt ursprünglichster ins Tragische weisender Natur bricht über=
zeugend, oft überwältigend aus einem Karl Devrient, aus Ludwig
Dessoir, Rittner, Schildkraut, Alb. Heine, Steinrück, aus Else Leh=
mann, Lotte Medelsky und Lucie Höflich; ins Komische wendet sie
sich bei Döring, Meixner, Hugo Thimig, Engels, Girardi, Pallen=
berg, bei der Frieb=Blumauer, Anna Schramm, Hansi Niese. Josef
Kainz nimmt eine Sonderstellung ein zwischen den Unbändigen und
Grübelnden; im Geistigen reichte er an Schröder heran, im Tempe=
rament an die besten Naturelle, doch die Mischung in seinen Ge=
stalten war oft zu selbstherrlich=kainzisch.

Mit dieser ganz und gar lückenhaften Liste soll weder eine Grenze
gezogen werden, jenseits der nur zweitrangige Begabungen stün=
den — wo ist Brockmann, wo Ludw. Löwe, wo die Haizinger, wo
Gabillon, Haase, Herm. Müller und Emanuel Reicher! — noch
sollen die Genannten als Wiederholer charakterisiert und über drei,
vier Kämme gleichgeschoren werden. Ich will im Gegenteil den

Individualitäts-Reichtum der deutschen Schauspielkunst andeuten und, indem ich die einzelnen nicht in aller Breite darlege, die Aufmerksamkeit auf Schröders und seiner Genossen Großtat zurücklenken, nach der nichts Grundlegendes mehr zu tun war. Das Wesen des großen Schauspielkünstlers ist damals umfassend hervorgetreten und nur um das Allerwesentlichste handelt sich's bei meiner Betrachtung. Denn auch was Kainz aus sich selbst offenbarte, als er heitere Züge in die Tragödie trug — kurz vor ihm hatte Krastel in Wien ähnliches versucht, weit, weit früher Riccoboni es theoretisch gefordert, das Hamburger Theater es hundert Jahre vor Kainz praktisch durchgeführt. Gleichfalls auf sozialem Gebiete ist im 19. Jahrhundert eigentlich kein Gedanke Tat geworden, der nicht schon im 18. gedacht gewesen wäre. Vielleicht greift erst die allerneueste Wirtschaftsordnung, durch den Krieg belehrt, den Wunsch des alten Joh. El. Schlegel vom Jahre 1747 auf: die Schauspieler staatlich zu besolden, wie die staatliche Schauspielerschule an der Wiener Akademie von 1909 letzten Endes nicht nur auf Eduard Devrients großzügig entworfene „Theaterschule" von 1840, sondern auf Ekhofs „Akademie" von 1753, ja sogar auf die „Pflanzschule" des alten Schlegel ohne Zwang zurückbezogen werden kann.

Der Mensch.

Irrige Auffassungen. Daß die Meinungen über eine schauspielerische Leistung auseinandergehen, braucht nicht auf Urteilsunfähigkeit zu beruhen; wer nur zwei Zeitungen vom gleichen Tage zur Hand nimmt, merkt, wie geübte, sogar berufene Kritiker Lob und Tadel an ganz verschiedene Stellen knüpfen, ja, wie dem einen schwarz, was dem andern weiß erscheint. Je reicher die Leistung ist, um so mehr Flächen des Lebens zeigt sie, und wer nicht alle gleichzeitig zu sehen oder ins rechte Verhältnis zu setzen vermag, muß eigentlich zu einem einseitigen Eindruck kommen.

Es ist überflüssig, sich über die drolligen oder verstimmenden Fragen lustig zu machen, die das schlecht unterrichtete Publikum oft an den Schauspieler richtet; aber es ist bedauerlich, daß das Wesen dieser Kunst, die doch in Schulen und Theatervereinen „gepflegt" wird, so ganz und gar Geheimnis geblieben ist. Bedauerlich auch in Rücksicht auf den Schauspielerstand, der noch immer nicht

ganz zu den ehrlichen Berufen und auch nur mit Widerstreben zu
den Künsten gerechnet wird. Von den Schwierigkeiten, Umständ=
lichkeiten, Quälereien, Demütigungen auf den Proben erzählt der
Schauspieler nicht gern: beim Rampenlicht geht ja alles glatt, sieht
alles wie ein Champagnerrausch aus. Wir treffen uns gegen Mittag
einmal irgendwo, vielleicht sogar im Theater, unterhalten uns unter
Scherzen darüber, was wir am Abend und wie wir's ungefähr
machen wollen, stärken uns am Büfett und gehen nach einem
Stündchen, ledig aller Pflicht, auseinander — so stellen sich's
viele vor.

Richtigstellung. In Wirklichkeit ist der Schauspieler ein Lebens=
kämpfer wie alle andern, die durch eigne Kraft vorwärtswollen. Und
sein Kampf ist meist härter als der eines Handwerkers, Kaufmanns,
Gelehrten, vor allem aber unruhiger, ermüdender als der eines
Beamten. Ererbte Rechte zu leichterer Beförderung stehen ihm kaum
jemals zu Gebote, und wie könnte er sie auch nützen? Oder wie
könnten einflußreiche Verwandte zu Engagement und Erfolg bei=
tragen? Er wird gerade im Beginn seiner Laufbahn regelmäßig
fernhin verschlagen, in eine kleine Grenzstadt, zu einer Wander=
bühne, wo er Abend für Abend vor Hunderten nicht immer freund=
licher Zuschauer stehen muß, die seine Blößen sicherlich eher auf=
spüren als ein Vorgesetzter die eines Untergebenen im Kanzlei=
betrieb. Ohne Empfehlungen und von den guten Familien gemie=
den, bringt er die kärgliche Freizeit einsam oder in flüchtig ange=
fundener Gesellschaft zu und trägt an dem Kummer, den sein Beruf
im Überfluß mit sich bringt, schwerer als andre Gleichaltrige, die
bei den Eltern leben oder wenigstens Jugendfreunde zu Tröstern
haben. Und so sehr er der Freizeit bedürfte, um Menschen kennen
zu lernen, mit der Natur vertraut zu bleiben und seine Bildung
fortzuführen, er muß sie hassen, weil jeder freie Spieltag dem
künstlerischen Nebenbuhler am gleichen Theater, der keinem Anfän=
ger erspart bleibt, einen Erfolg bringen, ihn selbst um einen ärmer
machen kann. Ist er überreich beschäftigt und gefällt er, so sind
ihm vor allem die Abende genommen, an denen er ab und zu
Konzerte und Vorträge besuchen möchte; tagsüber aber hat er Pro=
ben bis in den tiefen Nachmittag hinein, und die vielen, vielen
Rollen wollen auch gelernt sein. Die Freuden, die er in seiner
ersten Zeit dafür eintauscht, sind nicht rein; denn er fühlt, wenn

er halbwegs ehrlich und offenen Auges ist, seine künstlerischen Mängel und kann sie schon deshalb nicht abstellen, weil er seine Aufgaben nicht souffleurfrei beherrscht; eine jagt ja die andre.

Der Kampf geht ums tägliche Brot, geht um die Rollen, um
den Erfolg, ums Weiterkommen. Das ursprüngliche Ziel des Schauspielers, sich selbst mit Hilfe des Dichterworts auszudrücken, tritt vorläufig fast zurück, denn die Ruhe zum Studium fehlt, das die Rolle
mit dem Schauspieler erst zusammenschweißt. Viel über 100 Mark
wird dem Anfänger monatlich nicht gezahlt und auch diese kleine
Summe ihm durchschnittlich nur sechs Monate lang sichergestellt.
Findet er zwischen April und September nicht noch ein Sommer-
engagement — das nun freilich selten länger als drei Monate
dauert —, so liegt er ein halbes Jahr brach und auf der Straße.
Für dies Einkommen haben sich die jungen Leute, die zum besten
Teile aus kleinen Verhältnissen stammen, nicht nur den Unter-
halt zu beschaffen, sondern auch die gesamte moderne Bekleidung,
von den Damen muß sogar jedes historische Kostüm aus eigenen
Mitteln gestellt werden. Vom Herbst 1921 an soll es damit besser
werden.

Auch der gewissenhafteste dramatische Lehrer kann seinem Zögling keine Sicherheit für eine geordnete ansteigende Laufbahn geben.
Der Zufall ist beinahe Gesetz im Schauspielerberufe. Ebensowenig
aber sind Erfolge in kleinen Städten ausschlaggebend. Wer von
den Hervorragendsten des Standes zurückdenkt und die Lieblinge im
Geiste an sich vorüberziehen läßt, an deren Erfolgsüberlegenheit er
selbst in seiner Jugend gelitten hat, der findet viele gar nicht mehr
im Almanach und die andern hier oder dort als Handwerker oder
als bloße Füllsel.

Rollenjagd — abscheuliches Treiben, voll von Erniedrigung, Arg-
list und Lüge! Aber freilich einträglich. Man wird leichter bemerkt
und übervorteilt andere. Solange es nicht ausartet, sogar entschuld-
bar. Wenn der Maler Leinwand und Palette hat, der Bildhauer
Ton, Dichter und Musiker nur Papier und Feder, so können sie ihr
Glück machen. Nicht so der Schauspieler. Er braucht nicht nur
Publikum und Presse notwendiger als die andersartigen Künstler,
deren Werke nicht Tag für Tag vergehen; zuvor muß ihm der
Theateragent und der Theaterleiter begegnen, die es mit ihm wagen.
Und glaubt auch der Direktor an ihn, so vermag der Spielleiter

ihm noch die Suppe zu versalzen. Dann endlich mischen sich Zu=
schauer und Kritiker ein, auch sie, wie die Geschichte lehrt, nicht
frei von Irrtümern. Josef Kainz ist in Leipzig, wo August Förster
für ihn eintrat, allgemein verhöhnt worden (er war kein Anfänger
mehr!) und hat, als er im Zenith seines Könnens stand, unter
Verkennung, Mißverständnissen, Bosheiten, Spielhemmungen ge=
litten wie einer von den Kleinen oder richtiger: mehr als jeder
Kleine, weil er eben doch Josef Kainz war und leidenschaftlicher
reagierte. Aus Unterschätzung, aus Dickköpfigkeit enthielten ihm
seine Direktoren den Prinzen von Gonzaga und den Othello vor,
mit denen er sich verwachsen fühlte, und lieferten diese Rollen an
die Mittelmäßigkeit aus. Ja, was noch alles hindert den, der
sich durchgesetzt, an der Entfaltung seiner Persönlichkeit: Proben=
mangel, phantasielose Spielleiter, ungenügende Gegenspieler, Text=
kürzungen, die ein theaterfremder Dramaturg ihm aufzwingt!

Erfolg — das ist beim Theater, wenigstens an zweiten und dritten
Bühnen, nichts als Beliebtheit, und die wird dem sympathischen
Darsteller zuteil, dem unsympathischen bleibt sie versagt. Was haben
diese Unterscheidungen mit Kunst und Persönlichkeit zu tun? Eigent=
lich nichts in der Theorie und beim bleibenden Kunstwerke, aber in
der vergänglichen schauspielerischen Praxis sehr viel. Auf dem Gipfel
seiner Entwicklung ringt jedes starke Talent dem Publikum Achtung
ab, wird es gewissermaßen sympathisch; während des Aufstiegs ist
es jedoch meist mit Unebenheiten belastet, unter denen das Dutzend=
talent nie erseufzt. An diese Unebenheiten knüpfen nun Publikum
und Kollegenschaft, oft auch die Presse ihren Tadel und begründen
ihn. Sie erkennen die Mischung der Elemente nicht, bleiben an
Äußerlichkeiten hangen. Und nicht selten wird von alteingesessenen
Kollegen, die dem neuen Manne weichen sollen, gegen besseres
Wissen schon vor dem Gastspiele Mißstimmung erregt. Weiter: in
den Zeitungen der Großstadt liest man allwöchentlich einmal von
den „Theatern im Reich". Sechs, sieben Städte kehren in diesen
Korrespondenzen immer wieder; unwillkürlich hält man diese für
vorbildlich, die nicht erwähnten hingegen für langweilig, leistungs=
unfähig. Weit gefehlt! Das hängt oft nur von einem theaterfrohen
Korrespondenten ab: auch gute journalistische Verbindungen des
Theaterleiters, Dramaturgen, Spielleiters wirken darauf ein, be=
sonders aber das Zauberwort Uraufführung. Ist ein großes klassi=

sches Drama in einer Mittelstadt mit Liebe eingeübt, mit Begeisterung aufgenommen worden, so kümmert das die Hauptstadt mit nichten; aber die Ablehnung einer ablehnenswürdigen zeitgenössischen Dilettantenarbeit macht sich dort als lobenswertes Wagnis breit und bringt neben dem Namen des Verfassers die des Spielleiters und der wichtigsten Mitspieler an die große Öffentlichkeit. Was ist die Folge? Der an solcher Stelle mit Lobesworten bedachte Provinz=Spielleiter oder =Schauspieler bekommt von den Theateragenten im Handumdrehen drei, vier Anträge an bessere, wohl gar an allererste Bühnen — ihnen von Herzen zu gönnen —, aber ein anderer hochbegabter Mensch an anderm Orte, wo keine Uraufführungen stattfinden oder keine theaterfrohen Korrespondenten leben, geht leer aus und karussellt Jahrsünste, Jahrzehnte im ewiggleichen Provinzkreise herum, bis er der Provinz so ganz verfällt, daß er aus der Manier nicht mehr herausfindet. Vielleicht auch wird ihm der einzige, zufällige, gute Engagementsantrag, der an ihn ergeht, in letzter Stunde durch die vielbenützte „vertrauliche Auskunft" eines neidischen Widersachers zu Wasser gemacht.

J. C. Brandes, der unter Schönemanns Prinzipalschaft neben Ekhof wirkte, erzählt aus seiner Anfängerzeit: „Wenn ich einmal Sonnabends, als dem gewöhnlichen Zahltage, eine Kleinigkeit an Geld erhielt, so eilte ich in das erste, beste Speisehaus, befriedigte dort meinen dringenden Hunger durch eine Portion Gemüse und Fleisch und aß, um das Getränk zu ersparen, die ohnedies sehr magere Suppe zuletzt. Dann kaufte ich einige grobe Brote und etwas alten Käse, welcher Vorrat mir dann, nebst einem Trunk Wasser, zuweilen mit etwas Milch vermischt, in Ermangelung einer besseren Mahlzeit, den übrigen Teil der Woche zur gewöhnlichen Nahrung diente." Der Anfängerstand ist wirtschaftlich nicht weit über den von der Mitte des 18. Jahrhunderts hinausgelangt. Ein armseliges Käsebrot ersetzt noch heute dem jungen Mimen, der von 9—5 Uhr probiert hat, oft den warmen Mittagstisch; seine Kollegin näht währenddessen vielleicht noch ein Stückchen verschossener Goldborte auf ihr einziges mittelalterliches Kostüm, damit es königlicher wirke und in etwas vom gestrigen absteche. Wo sie gehen und stehen, haben sie den Kopf voll mit dem Text der nächsten Aufgabe; und in den Pausen der Erstaufführung lesen sie schon sorgenvoll das Pensum von morgen durch.

Unerschütterliche Gesundheit und die Unbeirrbarkeit des Besessenen und Verstockten gehören zur Anfängerschaft. Tritt ein Gast von Bedeutung auf, so reißen den jungen Mimen Seligkeit und Jammer hin und her. Aber die Scham behält meist die Oberhand. Den furchtbarsten Abend habe ich jedenfalls erlebt, als ich in Küstrin den Rochow in Wildenbruchs „Neuem Herrn" spielte und der Berliner Darsteller des Kurfürsten herüberkam. Er war in zwanzig Ellen Samt und Seide gewickelt, mit einem wagenradbreiten Hut und ungeheuren Straußenfedern geschmückt, und ich trug sozusagen das Kostüm aus Wallensteins Zeit — denn es war nur eines im Fundus —, ein dürres gelb und grün gestreiftes Statistenkollett, das irgendwo an einem kleinen Hoftheater ausgemustert worden war; und als ich damit angetan die Bühne betrat, ging dichtungsgemäß der Berliner Kurfürst auf mich zu, schlug mich derb auf die Schultern und rief machtvoll: „So sieht Brandenburg aus!" Ich knickte unter seinem Schlag und noch tiefer unter meiner Scham fast in die Knie. Die Szene taucht immer wieder vor mir auf, wenn es mir heiß im Gesicht ist. — So ein Gastspiel überhaupt! Die Beherrschung des Bühnenraumes, das Herausarbeiten der Höhepunkte, die selbstverständliche sichere Gestik, die Verlebendigung, ja Erneuerung jedes Wortes — all dies und alles andere erscheint dem verzückt-gedrückten kleinen Mitspieler unerreichbar. Er weiß noch nicht und erfährt es auch fürs erste nicht, daß das Geheimnis solcher Überlegenheit nicht nur in der Begabung, sondern vor allem in der Probenleitung und Probenzahl steckt. So rauft er sich das Haar, schläft schlecht, verwünscht sein ganzes Unterfangen und ginge am liebsten auf der Stelle als verlorner Sohn nach Hause, wenn sich da nicht eine andere Scham meldete und neben ihr — die Abenteurerlust.

Der Künstler.

Zwischen den Künsten. Die Schauspielkunst ist lange Zeit das Aschenputtel zwischen den übrigen Künsten gewesen, wie die Technik unter den Wissenschaften anfänglich scheel angesehen war. Tänzer werden heute noch vielfach nicht für voll genommen, und aus dem Tanz, der Pantomime, können wir unsere Kunst ohne Zwang ableiten. Der große Schröder hat nur ungern den Schauspieler gegen den Tänzer eingetauscht. Einer, der fremde Verse aufsagte und dazu Fratzen schnitt — das war der Schauspieler. Als ich während meiner militärischen Dienstzeit einmal auf einem dünnen Balken gut balanzierte, meinte ein Kamerad meiner Korporalschaft abschätzig, er habe einen Schauspieler gekannt, der sei auf einem Drahte gelaufen.

In erster Frühe galt es für jede Kunst als Ziel (in der Theorie!), die Natur nachzuahmen. Diese falsche Einstellung des ästhetischen Auges hat nach und nach aufgehört: man weiß heute schon ganz allgemein, daß Photographie und Malerei sich in dieser Hinsicht deutlich trennen; die eine wirklich die Natur wiederholend, die andere sie umgestaltend, ja übergehend. Und gestaltet der Schauspieler seine Vorlage nicht auch um, übergeht er nicht manchmal die Natur, schwingt er sich nicht fort und fort über sie hinaus? Was sollte er denn — analog der Photographie — wiederholen? Was liegt seiner Leistung zugrunde? Der Durchschnittsleser eines Dramas mag es bestimmen. Worte, Sätze, die durch einen vorgesetzten Namen als Reden gekennzeichnet sind, fast abgerissen, ohne die wohlig=bequemen Überleitungen, wie man sie von der Erzählung, dem Roman her gewohnt ist. Wie wenige Leser kommen über das Stoffliche hinaus (deshalb verlangen sie auch immer „Handlung" im gröbsten Sinne und nennen Werke von feinerer dramatischer Kultur, wie „Jphigenie" und „Tasso", Lesedramen: lucus a non lucendo! Sie bringen es nämlich n i c h t fertig, sie bis zu Ende zu lesen). Ist das mit einer Schwarz=Weiß=Zeichnung zu vergleichen, die durch den Schauspieler farbig gemacht und plastisch aufgewölbt wird? Der Schauspieler wird mit dem Vergleich zufrieden sein, der Durchschnittsleser nicht, denn der erkennt im gedruckten Drama viel weniger Figur als etwa im Holzschnitt. Weder Worte noch Sätze, weder Szenen noch Atte k l i n g e n auf dem Papier, haben Rhyth= mus, Takt, Tempo, Stärkegrade, Melodie. Wer liest denn mit Zu= ziehung des Ohres! So bleiben die Buchstaben neutrale Zeichen, bis zu Eiseskälte gefrorenes Gefühl. Und r u f e n doch nach wär= mender Färbung, die sie voneinander unterscheide; nach Vergröße= rung, Verkleinerung, je nach ihrer Wichtigkeit. Die zwei Dimen= sionen wollen drei werden. Wer nun schafft das alles, was fehlt? Wer schreibt mit unsichtbarem Griffel die Vortragszeichen ein, diese allegro, adagio, scherzo, presto? Wer legt die Tonarten fest,

dur oder moll; Rhythmus, Taktstriche, pp—mf—ff, Schwellungen,
Pausen? Wer bestimmt, ob dies oder jenes Wort höher, tiefer als
seine Nachbarn genommen werde; wer baut aus so gefügten Satz=
gruppen ähnlich gefügte Aktgruppen auf, so daß man schließlich den
Eindruck einer vielverzierten Kathedrale mit einem, zwei großen
Türmen, einem, zwei kleinen hat? Wer meißelt Gesichter aus dem
Alphabet; verwandelt Gedankenstriche und Punkte in erschütternde
Augenblicke des Schweigens und hellaufzuckende Bewegungen, läßt
vom Schleier der Worte verhüllte Gewitter erdröhnen, befreiende
Morgenröten aus steifen Parenthesen aufgehen?

Freilich gehört zu unsern Kunstmitteln etwas Plattnatürliches,
der ästhetisch niemals ganz vollkommene Menschenleib, blutvoller
zwar als die Farbe des Malers, beweglicher als der Stein des Bild=
hauers, aber weniger keusch, weil ohne die letzte ästhetische Bändi=
gung — man vergleiche marmorne Ringer im Museum mit den
fleischernen im Zirkus! Die Bändigung aber kann doch geschehen,
durch den Schaffensrausch, der die nüchtern=menschliche Kausalität
aufhebt, und durch das Wort, das durch das läuternde Bad des
Geist=Gemüts durchgegangen ist. Der Banause sieht wohl auch dann
nur den Leib, der zur Schau gestellt wird; sieht Schamlosigkeit,
durch Schminke und falsches Haar verstärkt, im ganzen Bühnen=
treiben und wendet sich höchstens aus erotischen Trieben so wohl=
feilen Entkleidungen zu.

Betrachtet man die Schaffensvorgänge nur oberflächlich, so er=
scheint es leichter, einer schauspielerischen Aufgabe Gestalt zu geben
als einer aus den übrigen Künsten; eben weil der Körper, der kon=
krete Raum bereits vorhanden ist. Und wo der Körper — Stimme,
Gedächtnis, Geschicklichkeit eingerechnet — das erste und letzte be=
deutet, wie oftmals bei Liebhabern und Liebhaberinnen, gilt's in
der Tat leichtes Spiel. Sieht man aber genauer hin, so erschwert
gerade der allzu wenig veränderliche Körper die Gestaltungsmög=
lichkeiten; die Phantasie stößt da auf Hindernisse, die in andern
Künsten unbekannt sind. Wie mag Ifflands Geist gegen den unge=
fügen Leib getobt haben, als er den knabenhaften Franz Moor schuf,
wie der rundliche Brockmann beim Hamlet; Kainz wäre als Kan=
daules gern einen halben Kopf größer und von mächtigerer Mus=
kulatur gewesen, um den Erben des Herakles auch äußerlich zu
versinnlichen.

So gleicht die schauspielerische Kunst auch darin anderen Künsten, daß sie bis zum heutigen Tage nur selten eine totale Vollkommenheit zu schaffen vermocht hat, wie verschwenderisch auch die
Mitwelt mit der Zensur „genial" umgegangen ist. Schon wer im
Varieté einen berühmten Mann in Haltung, Gesichtsausdruck und
Ton so nachmacht, daß die Zuschauer zwei Minuten lang — nicht
länger — das Original zu sehen glauben, wird als „Künstler" ge-
priesen. Wie würde dieser „Künstler" versagen, müßte er das Vorbild durch eine ganze Szene, durch ein ganzes Drama führen!

Andererseits weise ich mit Genugtuung auf Schillers Anruf hin,
den er im Prolog zum „Wallenstein", also an weit sichtbarer Stelle,
nach Hamburg richtete, an eben jenen Schröder, der „nur" ein
Schauspieler war. Und in Schröders Stammbuch haben sich mit
ganz persönlichen Huldigungen eingezeichnet: Ramler, Iffland,
Lessing, Gotter, Klinger, Goethe, Klopstock, Wieland und Herder.
Lessing steuert die Verse bei:

> Daß Beifall dich nicht stolz, nicht Tadel furchtsam mache!
> Des Künstlers Schätzung ist nicht jedes Fühlers Sache!
> Denn auch den Blinden brennt das Licht,
> Und wer dich fühlte, Freund, verstand dich darum nicht.

Ihnen allen war der Schauspieler von Schröders Art ein vollwertiger Teil des dramatischen Kunstwerks, das aus des Dichters
Hand als bloßes Buch, als Torso fällt. Und wenn in ganzen Vorstellungen der Lebenspunkt fehlt, der den Zuschauer mitten in eine
neue Welt reißt, so spricht das nicht gegen die Theaterkunst im allgemeinen, nur gegen diese Aufführung im besonderen. Oft ist's nur
ein Schrei, eine Handbewegung, ein Schritt, ein Schweigen —
gleich stehen wir im Allerheiligsten. Wäre jeder Augenblick eines
Theaterabends Genialität, schöpferischer Strahl — nur theoretisch
denkbar — kein Zuschauer ertrüge das; denn es verlangte eine Hoch-
spannung der Aufmerksamkeit von ihm, des Mitlebens durch Stunden, wie man sie nicht einmal in Bayreuth aufbringen könnte.

Das schauspielerische Problem. Auch bei den anderen Künsten
spielt der Körper des Künstlers mit, die schreibende, malende, mo-
dellierende Hand, das aufnehmende und abwägende Auge. Letzten
Endes ist ja auch der zum künstlerischen Schaffen nötige Denk- und
Vorstellapparat von der Materie nicht zu trennen, ist der erhöhte Ge-
fühlsgrad nicht ohne Blut. Aber der schauspielerisch erregte Körper

weiß nichts mehr von solcher Teilung, er ist eine ästhetische Einheit
vom Wirbel bis zur Zehe. Schon die Ausschaltung einiger Muskeln
stört den Eindruck. Es gibt Leute beim Theater, deren Hals sich
gerade dann zukrampft, wenn die Rolle freiesten Atem braucht,
deren Beine streiken, obschon der ganze Oberkörper erbebt; ja, die
sogenannten „guten Sprecher" sind meist steife Herren, denen nur
der Kehlkopf und die Resonanzböden gehorchen.

Der Schauspieler untersteht einem fremden Gesetze, dem des Dich=
ters, weit botmäßiger, als der Maler sich der Natur unterwirft.
Zwar ändert er seine Vorlage auch ab, wenn sie ihre Befugnisse
überschreitet und in seine persönlichen Rechte übergreift. Er macht
blau geforderte Augen ohne Gewissensbisse schwarz, weil er eben
schwarze hat. Aber schon Haar und Nase, Grundton des Sprechens
und Tempo der Geste fügen sich dem dichterischen Befehle. Da jedoch
Ton und Bewegung nicht Augenblick für Augenblick von ihm kon=
trolliert werden können — während etwa der Bildhauer mit Be=
wußtheit Zug um Zug einträgt — so ist geheimnisvollere Hilfe
nötig, und sie macht denn auch das eigentliche schauspielerische
Problem aus.

Ein Gesetz ist da, es muß befolgt, aber es muß gleichzeitig über=
wunden werden. Nichts darf vom Zwang zurückbleiben: soll wird
will, will wird kann, kann wird muß. Zwischen soll und will liegt
der Fleiß, den auch der Dilettant aufbringt, zwischen will und kann
das Talent, darüber hinaus ist die Werkstätte des Genies. So wie
allen Menschen das moralische Gesetz innewohnt und wir seiner
Paragraphierung entraten können, so vermag der Schauspieler noch
hundert andern Gesetzeskomplexen nachzuleben, ohne sich ihrer
bewußt zu werden; und so ganz zwingt ihn der Dichter in die
fremde Individualität hinein, daß er ihn seine eigne zum Teil ver=
gessen macht. Akt der Verpuppung, mit der Tendenz, aus der Raupe
den Schmetterling zu entwickeln! Die Raupe stirbt ab: der Schau=
spieler unterbricht sein Leben. Ein grobes Beispiel: hat der Schau=
spieler Richard III. oder Mephistopheles durch eine ihm selbst ans
Leben gehende Verpuppung gestaltet, so denkt er nicht mehr bei
jedem Schritte ans Hinken, aber er führt es unwillkürlich aus.
Und kein halbwegs begabter Darsteller des lispelnden Provisors in
„Hasemanns Töchtern" wird sich bei jedem S und Z erst an der
Nase zupfen, um seine Zunge in die ungewohnte Lage zu heben. Wo

dagegen das körperliche Gebrechen nicht notwendig zum Wesen gehört, sondern eine rein äußerliche Zufälligkeit ist, geschieht's leicht, daß es der Darsteller zeitweilig außer acht läßt. Der verletzte und eingebundene Arm Tellheims gehört hierher; hat der Darsteller ihn in der Pause hinter den Kulissen aus der Schlinge gelöst, so betritt er auch wohl einmal die Bühne mit herabhängender Rechte — gegen den Willen des Dichters und seine eigene Absicht. Die geheimnisvolle Hilfe also, die der Schauspieler in höherem Grade braucht als jeder andere Künstler, ist die Kraft der Transfiguration, der Umgestaltung, der Wandlung. Sie versetzt einen Teil des menschlichen Zentralorgans durch Hemmungen, Ausschaltungen in den Zustand der Untätigkeit, des Schlummers und steigert durch die dabei freiwerdende Kraft die Erregbarkeit, die Leistungsfähigkeit des anderen Teiles. Jeder weiß, daß man auch im gewöhnlichen Leben bei geschlossenen Augen den Genuß des Hörens, Küssens, Schmeckens, Riechens verstärkt.

Man kann dies spezifisch schauspielerische Problem als eine Hypnose ansehen, die bei wachen Sinnen, ohne Handauflegung, vom scheinbar unkörperlichen Worte gelenkt, vor sich geht. Der Dilettant ist ihrer nicht mächtig, so gut er das Wort vielleicht auch zu umschreiben, zu erklären versteht. Er fängt Dichtungen, die er anderen künstlerisch nahebringen will, für gewöhnlich mit einem ganz neutralen, meist lauten Tone vorzulesen an; läßt also ganz plump nur die toten Buchstaben zu toten Lauten werden; macht aus Gedrucktem schlechthin Gesprochenes, aus dem Gesichtseindruck einen Gehörseindruck, ohne im geringsten die eigentlich dichterischen Eigenschaften zu entbinden. Der Schauspieler dagegen, im Zustande vollkommener Einfühlung, trifft instinktiv den Rhythmus (von der schematischen Skansion erheblich abweichend!), die Stärke des Tons und alles andere, was man zur Ästhetik des Vortrags rechnet, wenn er die Dichtung auch nur einmal überlesen hat. Sind ihm dabei die Höhepunkte aufgegangen, so weiß er sie auch zu erklimmen und vergeudet seine Mittel nicht schon im Tale. Die kausale Kette seines Fühlens, Denkens, Handelns löst sich hypnotisch, die des Dichters und seiner Gestalten spannt sich ins Räderwerk ein. Und den Wellen seines Tones folgt auf dem Fuße die begleitende, ergänzende Gebärde, oder geht ihm heroldgleich voraus.

Daß diese Transfiguration das Werk einer Sekunde sein solle, erscheint dem Publikum als das Wunderbarste. Es ist ja gewohnt, jedes Ziel erst nach Vorstudien und abgelegten Prüfungen zu erreichen, und steht nun vor einem Rätsel. Die Schule bleibt dem Schauspieler trotzdem nicht erspart, das Rätsel bleibt auch ihm Rätsel (und Seligkeit!), aber er zupft nicht daran herum wie der Jüngling am verschleierten Bilde zu Saïs. Die Klinke zum Bühnenzimmer in der Hand politisiert er noch, lacht er über einen eben erzählten Scherz, merkt er sich ein Kochrezept — da fällt sein Stichwort, er öffnet, ist Ferdinand von Walter, stürmt herein, zum letzten entschlossen: „War mein Vater da?" Mag ein Lear monatelang an der Rolle gebosselt, zwei volle Stunden an seiner Maske gedoktert haben: wenn im Augenblick des Auftretens die Gnade der Transfiguration nicht über ihn kommt wie Geist der Pfingsten, so ist alle Müh umsonst gewesen.

Über oder in der Rolle? Doch es wird noch rätselhafter. Der noch so um und um transfigurierte Darsteller des Lear rast nämlich nicht, da er aus dem hinteren Bühnenraum, der Heide, vorbricht: „Blast, blast, und sprengt die Backen! Wütet, blast!" über die Vorhangslinie und über die Rampe hinaus ins Orchester, sondern hemmt an vormittags genau festgelegter Stelle seinen erregten Schritt. Das leidenschaftlichste, in Othello verwandelte Naturell würgt die Desdemona so vorsichtig, wie etwa ein spielender Hund beißt, und verwundet weder Jago am Bein noch ersticht er sich. Was heißt das? Setzt hier bewußte Lüge ein? Keineswegs. Wie schnell auch auf der Bühne die Empfindungen einander ablösen, noch schneller korrigiert ein unsichtbarer Aufseher jede ästhetische Maßlosigkeit. Oder man kann auch sagen: die Transfigurationssphäre umfaßt nicht die ganze Natur des Charakters und geht über die intuitiv respektierten Grenzen des Bühnenraumes nicht hinaus.

Die alte Frage: „über oder in der Rolle?" erweist sich als ziemlich müßig. Auch den Werken von Malern, Bildhauern, Dichtern, Musikern merken wir ja nicht an, wo der schaffende Künstler die Arbeit unterbrochen hat, wo und wie oft er Änderungen vorgenommen, wann er sich beobachtend, abwägend davorgestellt hat; sie soll wirken und wirkt wie die aus Zeus' Haupte entsprungene vollkommene Athene. Nur daß beim Schauspieler die Parallelität von Schöpfer und Korrektor zeitlich nahezu eine Einheit ist! Die Zuschauer können an sich selbst so eine Doppelstellung gewahr werden.

Zum Wesen des künstlerischen Genusses gehört die bewußte Selbst=
täuschung, das Schwanken zwischen Wirklichkeit und Anschein. Wenn
die Erinnyen ihren furchtbaren Hymnus gesungen haben und „im
Hintergrund verschwunden" sind, heißt es in den „Kranichen des
Ibykus" von den erschütterten Zuhörern:

Und zwischen Trug und Wahrheit schwebet
Noch zweifelnd jede Brust . . .

War's Offenbarung oder Bericht, sprachen göttliche oder menschliche
Stimmen, sitze ich zu Füßen des Schicksals oder im Theater?

Die Mannigfaltigkeit in der Mischung solcher bannenden und
ablenkenden Kräfte erfährt auch schon der Nichtkünstler. Damit er
sich leichter sammeln könne, löscht man das Licht im Zuschauer=
raum, sorgt man für Ruhe; und trotzdem kommt die Sammlung
nur in sehr verschiedenem Maße auf: wie oft klingt Mörikes „heute
gewesener Tag" störend in den Genuß des abendlichen Konzerts,
der Theateraufführung hinein!

Nicht anders beim Schauspieler, nur ungleich bedeutungsvoller;
denn ein unverhältnismäßig großer ablenkender Anteil an seiner
Mischung vermindert gleich für das ganze Publikum den Ge=
nuß. Während er sich die Rolle aneignet, steht er streckenweise ganz
und gar in der Rolle (wirft er sozusagen Tisch und Stühle um,
schreit er sich in einem einzigen Satze heiser), streckenweise ganz
und gar in beobachtender Entfernung. Den Ausgleich dieser Extreme
herbeizuführen, ist Sache der Schulung, der Proben, des Ge=
schmacks, der Intuition. Jede schauspielerische Individualität löst
die Schwierigkeiten auf individuelle Art, und die Streitigkeiten,
die über zuviel und zuwenig des „über" und „In" entbrannt sind,
behandeln im Grunde nichts Schlimmeres als das sehr Gute: Künst=
ler sind Individualitäten. Wie der eine Mensch gleichzeitig sprechen
und hantieren kann, der andere nur nacheinander, so konnte Kainz
drei, vier Fangbälle seiner inneren Vorstellungen mit eins in die
Luft werfen und wieder auffangen, indessen Sonnenthal, der neben
ihm auf der Bühne stand, aus seinem bedachtsameren Wesen heraus
höchstens zwei Bälle zu dirigieren vermochte. Lessing hat uns so=
wohl Franz Riccobonis „Schauspielkunst" übersetzt wie auch einen
Auszug aus einer anderen französischen Schrift, dem „Schau=
spieler" des Herrn von Ste. Albine, wiedergegeben; der eine, ein
Praktiker, neigt sich der Tendenz „über der Rolle", der andere, ein

3*

Theoretiker, möchte den Schauspieler gerne in jedem Augenblicke
ganz und gar von seiner Rolle übermannt sehen. Nicolai erwähnt
einen Ausspruch Ekhofs: der Schauspieler müsse sich nicht in den
wirklichen Affekt setzen, den er vorstellen solle, sondern müsse alles
durch Kunst bewirken; Friedr. Ludw. Schröder fügt Riccobonis
Ansicht bestätigend hinzu: „Nie hab ich eine Träne in dieses seltnen
Redners (Ekhofs) Augen bemerkt, während seine Zuhörer ihre Tränen nur mit Mühe trocknen konnten"; Josef Kainz ging, wenn
er einen Kollegen sah, der sich durch ungezügeltes Temperament
die Wirkung verdarb, so weit, aufzubrausen: „Kunst ist Technik!"

Wie könnte man je die Bühnenzeit einhalten, wenn man die Empfindungen voll auskostete; aus dem Jauchzen im Nu in Tränen
übergehen, aus der Schwermut ins Jauchzen, wenn kein Regulator
da wäre? Allabendlich gibt's Entgleisungen auf der Bühne, die der
Partner verwischen muß, ohne dabei aus der Rolle zu fallen. Er
hat ein Wort aus dem Satze des Mitspielers aufzugreifen, aber
der Mitspieler sagt ein anderes: so greift er eben das andere auf
oder ändert seine Antwort sogar wesentlich um. Da und dort ist
eine schadhafte Stelle im memorierten Text: wenn ich in Goethes
„Prometheus" an die Verse komme:

> Hast du die Schmerzen gelindert
> Je des Beladenen?
> Hast du die Tränen gestillet
> Je des Geängsteten?

so bin ich — natürlich nur ich — immer im Zweifel, ob erst von
den Schmerzen oder erst von den Tränen die Rede ist, und der Aufseher, der Regulator in mir, das Ressort „über der Rolle" hilft
mir, indem er mir leise zuruft: Im Alphabet kommt auch S
(„Schmerzen") vor T („Tränen")!

Aber aus zwei mach eins! Die Zelle spaltet sich nur, um frucht-
bar zu werden. „Entzweiung, die doch wieder nur eine Vereinigung
ist", erschien Goethe als „ein Urphänomen, das unmittelbar an der
Idee steht und nichts Irdisches über sich erkennt". Im Besitze der
Zweiheit „über und in der Rolle" fühlt sich der Schauspieler wirklich selbstherrlich, über Erdendinge hinausgehoben. Nichts anderes
waren die in Goethe vereinigten Gegensätze: Götz-Weislingen, Clavigo-
Carlos, Faust-Mephisto, Tasso-Antonio — die Reihe ist jedem vertraut.

Gewinnt einmal das „über" die Oberhand über das „in", so

klingt's schrill oder langweilig. Unstimmigkeit, Gefühlsmangel, Geplapper, leeres Deklamieren gibt's dann selbst bei künstlerischen Persönlichkeiten. Sie spielen mit der Rolle und manchmal so rücksichts-
los, daß sie sich hart neben die Rolle stellen und sie und die Partner glossieren. Nicht immer erreicht sie dann die Strafe, daß ihnen
plötzlich das Gedächtnis versagt und sie beschämt und verzweifelt
nach Hilfe suchen müssen; häufiger reißen sie die andern aus der
Stimmung und die ganze Aufführung in Stücke.

Auch ein schauspielerisches Problem? Es scheint, als müsse der
Schauspieler die dichterischen Stilisierungen a l l e r Zeiten beherrschen, während andere Künstler nur zwischen ihrer Individualität
und i h r e r Zeit den Ausgleich zu suchen haben. Niemand wird es
Euripides zum Vorwurf machen, daß seine Iphigenie nicht schon
auf der goethischen Kulturstufe steht, niemand der shakespeareschen
Julia, daß sie ihrem Geliebten keine Kuchen backt wie Max Halbes
Ännchen ihrem Hans; auch bedingen wir uns von Gerhart Hauptmann, ehe wir ihn anerkennen, nicht erst aus, daß er Gestalten von
der Struktur Othellos und Lears vorweise. Wohl aber nimmt es
dem Schauspieler etwas von seiner Bedeutung, wenn er, auf älteres
zurückgreifend, etwa schon beim Biedermeier Halt macht. Erlaubt
ihm seine Natur auch nicht den Ödipus des Sophokles, den Sigis-
mund Calderons und den Hermann Kleists zu spielen, so soll er
doch wenigstens eine zweite Rolle aus allen diesen Stil- und Zeit-
bereichen wiedergeben können. Theoretisch betrachtet heißt das:
geradezu zeitlos sein oder vielmehr den Mittelpunkt j e d e r Zeit
im kleinen Finger haben und zum Schaffensquell umwandeln können; ja, und nicht nur den Mittelpunkt jeder Zeit, sondern obendrein den Mittelpunkt jeder dichterischen Persönlichkeit! Die Schein-
wahrheit dieser Theorie wird bei engbegrenzten Talenten zur praktischen Wahrheit, nämlich bei den sogenannten Konversationsschau-
spielern: sie versagen schon überall, wo die mittlere Zone i h r e r
Zeit überschritten wird. Die übrigen aber empfinden die Forderung
gar nicht als ungeheuerlich, an einem Sonntag nachmittags Gustav
Wied herzuplaudern und abends Äschylus zu verkörpern; denn auch
sie schaffen ja nur einen A u s g l e i c h zwischen sich und dem Dichter,
zwischen ihrer Zeit und seiner. Wenn Schiller seinen „Don Carlos" in Prosa umschrieb und zusammenstrich, so war das ein aus-
gleichendes Zugeständnis an verwungewandte Schauspieler seiner

Tage, und wenn Emil Devrient auf der Bühne das Wort Geld
stets durch Gold ersetzte, so tritt seine persönliche steife Feierlichkeit
selbst in Kleinigkeiten gegen Dichter und andere Zeiten auf. Der
Philipp Otto Lehfelds steht zeitlich zwischen dem des großen Schrö=
der und dem Mitterwurzers und ist ihnen gewiß unähnlicher als
die beiden einander sind. Er ging auf Stelzen, aber seine Bewun=
derer sahen diese Stelzen für echte Gliedmaßen an; während die
beiden bedeutenderen Fachkollegen auf eigenen Füßen standen und in
einer weit realistischeren Epoche wirkten. Wo immer es versucht
worden ist, alte Kunst archaisch zu spielen, hat es verstimmt; ob
das nun rhythmisches Schreiten des sprechenden antiken Chores
war oder holzschnittartige Bewegung in Hans=Sachs=Stücken oder
„Troilus und Cressida" im nachgeahmten Globetheater. Was vor
Jahrhunderten auf der Bühne wahrhaftig war, ist es heute nicht
durchaus; vor allem aber würden wir mit dem Spiele spielen, wenn
wir den neuen Most unseres Erlebens in die alten Schläuche über=
wundener Formen füllten. Irgendwo sagt Ibsen, daß eine Wahrheit
nur 20 oder 30 Jahre vorhalte: darin steckt eine Wahrheit für sich,
aber auch eine Bescheidenheit; manche seiner Werke haben dies kri=
tische Alter schon glücklich hinter sich. Wie dankbar müßten wir
erst den Dichtern sein, deren Wahrheiten schon Jahrhunderte, Jahr=
tausende überdauert haben! Und wenn viele auch das und jenes
ältere Drama nicht mehr mit der Befriedigung lesen können, als
sei es gestern oder heute geschrieben, so bringt doch oft eine ausge=
zeichnete Aufführung diese Verlebendigung zuwege; freilich nicht
dadurch, daß sie die historische Echtheit der Dekoration und des
Kostüms betont und wohl gar die versunkene schauspielerische Form
jener Zeit beschwört, sondern indem sie fast im Gegensatz dazu zeigt,
an wie vielen Punkten sich noch heutige Lebenskreise mit den da=
maligen schneiden. So hat es zwar einen Grund, das Problem auf=
zuwerfen, ob der Schauspieler an sich zeit=, stil= und charakterlos
sein müsse, um jenseits aller Zeiten, Stile und Charaktere stehen
zu können, oder ob er gar aller dieser Dinge Herr sein müsse, um
ihnen verschwenderisch genügen zu können; aber genau besehen,
wird dies Problem nichtig, wird nichts anderes vom Schauspieler
verlangt, als tief in seiner eignen Zeit zu leben und von da aus
mit seiner individuellen Kraft die Fäden zu ziehen, die in die Ver=
gangenheit und — in die Zukunft führen.

Verhältnis zum Stück. Man mag hier und da noch so sehr bedauern, daß die Stegreifkunst aus den deutschen Theatern verschwunden ist — Max Pallenberg wäre jetzt ihr bedeutendster Vertreter —, weil der Schauspieler des regelmäßigen, d. h. niedergeschriebenen Stückes das fröhliche Experimentieren und Fabulieren verlernt hat; aber von ungefähr kam diese Entwicklung nicht; sie ging der allgemeinen Verfeinerung parallel. Wer einmal das Regiebuch eines großen Spielleiters durchgeht, worin das Werk eines Shakespeare, Goethe, Hebbel Wort für Wort, Bewegung für Bewegung zum Zwecke der Darstellung ausgedeutet wird, der erkennt, daß diese unerhört reiche schauspielerische Zergliederung nie und nimmer möglich gewesen wäre auf dem Grunde eines Stegreif-Kanevas. Nie und nimmer auch hätten sich die vielen auserlesenen, wertvollen Menschen zu dem Schauspielerberufe gedrängt, die seit den Zeiten unserer Klassiker und der Einführung Shakespeares seinen Stolz ausmachen. Am Drama haben sich Schauspielkunst und Schauspielerstand aufgerankt. Eine in sich geschlossene dramatische Dichtung ist eine feste Burg, die manchen Sturm aushält und viele schauspielerische Moden überdauert; ist eine nahezu voraussetzungslose Welt, in höherem Sinne einheitlich als die Erde selbst, als der Mensch. Anfang, Mitte und Ende sind in ihr Gegenwart, liegen dem prüfenden Auge jederzeit offen. Die Beschäftigung mit einem solchen Werke muß versittlichend wirken; die Folge davon ist die Ehrfurcht, die schon jeder anständige Schauspieler ihm entgegenbringt, geschweige denn der geniale. In dieser Welt hat jeder Charakter seinen unveränderlichen Platz, der vom Schauspieler nicht verrückt und nicht verbreitert oder beschränkt werden darf. Um zu seiner Rolle zu gelangen, muß er das ganze Stück kennen. Erst dann vermag er den Teil, der ihm zugewiesen ist, ins rechte Verhältnis zu den übrigen zu setzen; dann erst weiß er, wie fern oder nahe er dem Mittelpunkt des Stückes steht. Da ist eine textlich sehr geringfügige Aufgabe in „Herodes und Mariamne", der Diener Artaxerxes; scheinbar nur als Lückenbüßer in den vierten Akt eingeworfen, um die beiden klaffenden Vorgangshälften überbrücken zu helfen, und obgleich wirklich nur einem technischen Bedürfnis entsprungen, dennoch durch die Genialität Hebbels dem großen beherrschenden Gedanken des Werkes als perspektivisch wirkender Spiegel zur Seite gestellt. Der Typus des um seine Menschenwürde betro-

genen Knechts, der zum bloßen Mechanismus herabgesunkene
Mensch, der obendrein noch stolz auf seinen Uhrenberuf ist, kontra-
stiert mit Scheinwerferhelligkeit den gewaltigen Kampf Mariam-
nens um ihre Menschenwürde. Wenn der Darsteller diese symbo-
lische Wichtigkeit in Einklang bringt mit der realistisch nur huschen-
den Art seines Auftretens, so hat er wahrlich ein gerüttelt Maß
Künstlerschaft gezeigt. Und nimmt's der Darsteller mit dem Studium des Stückes nicht so genau, dann greift eben der Spielleiter
erläuternd und fördernd ein. Im Verhältnis zur Dichtung kann
man dreierlei Darsteller unterscheiden: der eine sieht nur vom technischen Standpunkte aus seine Rolle und spielt sie je nach Größe
und Dankbarkeit mit oder ohne Hingabe; der andere kommt über
den Charakter, den er mit starkem Erleben erfaßt, nicht hinaus;
der dritte endlich fühlt den ihm zugewiesenen Menschen als Glied
des Ganzen und hebt demzufolge ganz besonders die Momente
hervor, wo die sittliche Grundidee mit dem Einzelnen zusammenstößt.

Verhältnis zum Dichter. Die Achtung vor dem Dichter, dem ein
Meisterstück gelungen, erfordert sodann, daß er wortwörtlich wiedergegeben werde. Freier schon darf der Darsteller mit allzu dickbäuchi-
gen Parenthesen umgehen. Verwandlungsreiche und verwandlungs-
selige Maskenkünstler sind auch diesen Beengungen gehorsam; andere, die keine Freude an Details haben, lesen darüber hin. Der
eine also geht gewissermaßen zur Rolle hin, der andere läßt sie
an sich herankommen; den einen erkennt das Publikum manchmal
einen halben Abend lang nicht (und er freut sich darob), während
der andere sich immer gleichbleibt. Beides kann Lob, beides Tadel
sein. Das proteische Talent unterbindet oft zuviel seines menschlichen Wesens um der Rolle willen und wird dann in stücktragenden
Aufgaben mehr spitz als rund, mehr ein= als vieltönig; der Masken-
feind hingegen versieht es oft bei skizzierten Charakteren, die einen
scharfen äußeren Umriß verlangen, indem er auch da ganz und
gar sich selber spielt. Man darf als Richtschnur für das Verhältnis
Dichter=Darsteller empfehlen: nichts gegen den Dichter erreichen
wollen, aber auch ohne seine Anordnung weiterbauen, wo er leere
Stellen gelassen hat. Allerdings bekommt der Schauspieler damit
ein gefährliches Recht in die Hand, das er besonders leichtfertig im
Lustspiel mißbraucht: die Extempores des Wirtes in „Minna von
Barnhelm", die Zusätze, die sich mancher Bolz in den „Jour-

nalisten" gestattet, weisen nicht auf dichterische Mängel Lessings
und Gustav Freytags hin, sondern vielmehr auf die Geschmack-
losigkeit des ergänzenden Schauspielers. Auch im ernsten Drama
sind solche fragwürdige Ausschmückungen nichts Ungewöhnliches;
erzählt doch der zuverlässige Gewährsmann Eduard Devrient vom
berühmtesten Carlos im „Clavigo", von Seydelmann: „Mit dem
Publikum sprach und spielte S. viel, wie Iffland es getan ... Dahin sind Züge zu rechnen wie der zweite Aktschluß ..., da er dem
abgehenden Freunde folgte, an der Tür stehenblieb, sie halb öffnete,
ihm nachsah, sie langsam schloß, bedächtig vorschritt bis an die
Lampen, das Publikum eine Weile ansah, diesem dann endlich mit
dem Kopfe zunickend und mit der Hand zuwinkend, gedehnt und
nachdrücklich sagte: Da macht wieder einmal jemand einen dum-
men Streich!" Dieser von Seydelmann in die Breite gewalzte
Schlußakkord, der sich zu einer Coda auswächst, kehrt das dichterisch-
ökonomische Verhältnis Clavigo-Carlos geradezu um und verrät
vorlaut den vierten Akt, wo dann Carlos die Führung hat wie im
zweiten Clavigo. — Daß Schröder und andere vor mehr als hundert Jahren die tragischen Ausgänge einiger shakespeareschen Stücke
ins Versöhnliche umbogen, war vom kunstpolitischen Standpunkte
aus kein Frevel, war geradezu notwendig, wenn man den großen
Dichter einbürgern wollte. Die Zuschauer damaliger Zeit ertrugen
es nicht, Lear oder Desdemona ohne rechte greifbare Schuld unter-
gehen zu sehen. Wenn dagegen ein gastierender Virtuos heute den
fünften Akt des „Kaufmanns" streicht, nur weil er selbst als Shylock darin nichts zu tun hat, und wenn er, um auch das Bassanio-
Porzia- und das Graziano-Nerissa-Spiel im vierten Akt zu Ende
zu bringen, schon vor der Gerichtsszene die Demaskierung des falschen Doktors und seines Schreibers durch Zurufe vornimmt, so
wird im vierten Akt der Ernst zur Farce, und wo Shakespeare wieder heiter sein will, im fünften, verbietet ihm ein eitler Komödiant
gar den Mund. Nicht viel freundlicher kann man sich im gleichen
Stück zu einer Ergänzung stellen, die allerdings manchmal den Vorzug hat, einen starken schauspielerischen Eindruck zu vermitteln. Nach
Jessikas Flucht kommt — ohne Shakespeares Ruf — Shylock zu seinem Hause zurück, klopft und hämmert an die Tür, stürzt in das un-
verschlossene Haus, steckt oben irgendwo verzweifelnd den Kopf zum
Fenster heraus, poltert dann die Treppe herunter und bricht, vom

Pöbel verhöhnt, auf der Straße zusammen. Nur eine Persönlichkeit ersten Ranges bringt es fertig, diese Stegreifszene so mit Blut zu füllen, daß sie wie von Dichters Gnaden erscheint. Ökonomisch betrachtet, nimmt sie der späteren Szene Shylock=Tubal die großen Ausbrüche vorweg und macht den Charakter des Juden kleiner als er sein darf. Shakespeares Shylock schließt sich — so empfinde ich — nach der furchtbaren Entdeckung eine Weile ein und brütet still über Rachegedanken, anstatt sich seinen christlichen Feinden schreiend und tobend bloßzustellen.

Verhältnis zu den Mitspielern. An Bühnen, die nicht ausschließlich von der parkettierten Kanzlei her und gewissermaßen in der Kanzlei geleitet werden, sondern deren Hauptarbeitsraum der hohlbretterne Boden ist, auf dem Komödie gespielt wird, gibt's wenig Hinterlisten und Verunglimpfungen zwischen den Schauspielern. Der Leiter engagiert nur, wen er beschäftigen kann, weiß auch genau Bescheid in den Begabungen seiner Helfer und richtet den Spielplan hin und wieder sogar nach den Schauspielern ein, die eine Weile haben unfreiwillig fasten müssen; nicht nur nach seinen eigenen Neigungen, nach denen des Publikums und nach der zeitgenössischen Produktion. Es ist gar nicht so schwer, vor allem aber durchaus nicht unmöglich, innerhalb eines nicht übermäßig angeschwollenen Personals jedem in jedem Spieljahre eine Berufsfreude zu bereiten; und selbst auf die Gefahr hin müßte das geschehen, daß die Rolle, wenn es sich um eine zweite oder dritte handelt, von einem anderen, aber überlasteten Mitgliede wirksamer verkörpert werden würde. Es hat natürlich auch unter Immermann in Düsseldorf, unter Laube in Wien, unter dem Meininger Herzog und unter Brahm Unzufriedene gegeben, bei Theaterleitern also, die den Wert des Zusammenspiels erkannt hatten und schon darum um ein gutes Einvernehmen der Darsteller besorgt waren — denn Unzufriedenheit ist fast ein wesentlicher Bestandteil des lebhaften Temperamentes; aber die Gegensätzlichkeiten der Bosheit, der Verkleinerung, des Rollenneides, wie sie sich vielfach an kleinen und mittleren Bühnen zeigen, haben ihren letzten Grund in leichtfertig abgeschlossenen Verträgen und in einer Grünentischpolitik — beides Fehler der Leitung. Wenn man dem Darsteller Lust zu machen versteht — es braucht keine Lüge dahinter zu stecken —, so spielt er auch einmal die kleinste Rolle mit Liebe; nur muß er fühlen, daß

man ihn darum nicht geringer einschätzt, daß er nicht für alle Zeit
solche Entsagung zu üben hat oder daß eine größere Aufgabe für ihn
bereit liegt. Und die Mitwirkenden untereinander greifen unwill=
kürlich diesen friedlichen Ton auf, unterdrücken kränkende Witze,
bitten der eine den andern um diese, um jene Spielhilfe und nehmen
einer vom andern Lehre an. Dann ereignet es sich wohl gar, daß man
einem schwächeren Partner zuliebe selber den höchsten schauspieleri=
schen Trumpf nicht ausspielt. Es ist ein erquickendes, fruchtbares
gegenseitiges Aushorchen und In=die=Augen=sehen; ein Aufnehmen
der Tonhöhe, Tonstärke, des Tempos, wobei beide Teile erst ins
Herz des Stückes hineinwachsen. Wie hart drücken doch überfleißige
Hausarbeiter auf die Proben; besonders wenn sie die Macht haben,
ihre Wünsche durchzusetzen! Wie auf einem Schachbrett haben sie
schon daheim bei der Lampe alle Stellungen festgelegt, sich selbst
möglichst immer in der Mitte postiert, die anderen, als seien sie
Puppen, im Halbkreis, der nach vorn hin geöffnet ist, zur Bewun=
derung aufgepflanzt. Dann ist's mit der Entwicklung der Inszenie=
rung vorbei, den soziologischen Reizen, möchte ich sagen; die letzte
Probe sieht schauspielerisch genau wie die erste aus; eingefrorene
Schauspielkunst! Die Virtuosen von früher liebten darum die Pro=
ben auch nicht, sondern schickten ihre schön ausgearbeiteten Bücher
voraus und hatten die Gnade, am Tage der Vorstellung von 12—2
zu einer knappen Verständigung zu erscheinen. Und wehe, wo dann
etwas von dem übersehen schien, was sie sich in hundert Auffüh=
rungen zurechtgelegt hatten! — Mag es auch der Regie zur Last
fallen, wenn etwa Mephisto während der Katechisationsszene („Miß=
hör' mich nicht, du holdes Angesicht!") ein paarmal grinsend am
Fenster von Martens Haus erscheint und damit die Zuschauer von
der Gruppe Faust=Gretchen ablenkt — also von ernster Rührung
zu zynischer Freude hin — es zeugt doch in erster Linie von der
Rücksichtslosigkeit des Mephistodarstellers, dem, um die Lacher auf
seine Seite zu bringen, nichts daran liegt, daß seine Kollegen aus
ihrer intimen künstlerischen Hingabe gerissen werden. „Und die
bei euch den Narren spielen", bittet Hamlet die Schauspieler, „laßt
sie nicht mehr sagen, als in ihrer Rolle steht. Denn es gibt ihrer, die
selbst lachen, um einen Haufen alberner Zuschauer zum Lachen zu
bringen, wenn auch zu derselben Zeit irgendein notwendiger Punkt
des Stückes zu erwägen ist". So muß auch aus diesem Grunde der

Schauspieler, will er nicht in den Verdacht kommen, „über das Gespräch hinauszuschreien", die ganze Dichtung kennen und in jedem Augenblicke das Ganze überblicken, um das Verhalten zu seinen Mitspielern ausbalanzieren zu können. Und wo ihnen etwas Menschliches zustößt, sei es, daß sie sich versprechen, daß sie stecken bleiben, eine nicht ausprobierte Stellung einnehmen, daß an ihrer Kleidung oder Frisur etwas in Unordnung ist, überall wird die gutgepflegte künstlerische Kollegialität vertuschend oder helfend eingreifen; die Verantwortung für eine gemeinsame Sache, wie jede Aufführung es ist, muß den ganzen Theaterkörper wie ein lebhaft schlagendes Gewissen durchdringen.

Verhältnis zum Spielleiter. Ehedem hieß der Regisseur (der Spielleiter) nicht nur, er war auch Aufseher. Die Schauspieler machten so ziemlich alles, was wir heute Innenregie, Wortregie nennen, unter sich aus; ihm lag nicht viel mehr ob, als die Dekorationen anzuordnen, Möbel auszusuchen, Sitzgelegenheiten zu schaffen (in der steifen Gottschedzeit stand man fast immer während der Szene, weil das Sitzen für naturalistisch und gemein galt) und die Auftritte und Abgänge zu bestimmen, die nun freilich auch nicht viel mannigfaltiger waren als auf der offenen altgriechischen oder der ursprünglichen Shakespearebühne. Von Schröder, Immermann, Laube und ihren besten Nachfolgern wissen wir nun freilich, wie der Aufseher sich nach und nach zum eigentlichen Theaterkünstler entwickelte, dem Zentrum des gesamten Bühnenbetriebs. Was seit Jahren an Neuerungen von Berlin ausgeht, knüpft sich hauptsächlich an den Namen Max Reinhardt, aber nicht an den wertvollen Schauspieler Otto Brahms, nicht an den Direktor dreier Bühnen, sondern an den Spielleiter allein. Keiner, der bei ihm war und ist, wird leugnen, daß die großen Erfolge seiner Aufführungen in erster Linie Erfolge der Spielleitung sind. — Wie steht nun der Schauspieler zu dieser Herrschaft und Führung, von der ein Laie so gar nichts weiß und von der er sich auch nach der Lektüre eines Stückes keinen Begriff machen kann; denn dort sind wohl schon die Personen des späteren Theaterzettels verzeichnet, nirgends — oder höchst selten — aber ruft der Dichter ausdrücklich nach Regie.

Ein sehr buntscheckiger Stand, der der Regisseure! Manche nichts besseres als Dekorateure, manche höchst beredte Ästhetiker, nur wenige die wahren Kapellmeister für das geschriebene Wort, dem sie alle Vortragszeichen, Tonarten, Taktstriche, Melodien, Rhythmen, Stärkegrade, Beschleunigungen, Verlangsamungen, Pausen erst hinzu erleben müssen; Kapellmeister, die obendrein noch die ganze Umwelt und ihre Atmosphäre zu erfinden und sinnlich auszudrücken haben; abgesehen von ihrer besonderen Kunst, in soviel Sprachen zu sprechen wie sie Darsteller brauchen. Dies Idealbild ist nicht häufig, aber es ist wiederholt verwirklicht gewesen; mit ihm kommt der Schauspieler auch gut aus. Wie aber mit den übrigen? Je weniger sie können, um so tyrannischer sind sie zumeist. Was sie sich zu Hause ins Regiebuch hineingemalt haben, ohne an die darstellerischen Individualitäten zu denken, soll nun ohne Abstrich auf den Proben in fleischliche Erscheinung treten. Das gibt Reibungen, Explosionen; denn jeder Schauspieler ist auch ein Stückchen Regisseur und vermag auf Grund seines Erlebens, seiner Natur, seiner Intelligenz sehr häufig fruchtbare Winke fürs Ganze, vor allem aber für seine Szenen zu geben. Es empfiehlt sich daher, auf der Arrangierprobe noch im Tone des Vorschlags zu verhandeln und, wenn es irgend geht, auch einige Wünsche der Darsteller zu erfüllen, weil sonst des Streitens kein Ende ist. Das bedeutet durchaus nicht eine Knebelung des Spielleiters, weil ja von zehnen kaum einer ein wahrhaft innerlich erschautes Ziel der Gesamtdarstellung hat. Und dieser eine wird, wenn er theatermäßig begabt ist, auch den Weg zu den Schauspielern finden, die für tatsächliche Hilfe immer zugänglich sind und nur die bloß geredete von sich halten. Mit geistreichen Umschreibungen ist ihnen nicht gedient; aber von einer leiblich leitenden gütigen Hand lassen sie sich wie Kinder von Stuhl zu Stuhl, vom Fenster zum Schranke führen, von Gedanken zu Gedanken.

Der Schauspieler braucht diese Hand nötiger noch als die guten Rollen, und er schreit sogar nach ihr. Die beste Theaterschule kann ihm nur einen Teil seines Handwerks lehren und ihm nur das Gröbste der künstlerischen Schlackenhaftigkeit abstreifen; denn der zwanzigjährige Körper bequemt sich weder zur Ruhe noch zur Rundung. Damit dann aber Ruhe und Rundung nicht in Routine ausarte, bedarf er — im feinsten Sinne des Titels — des „Aufsehers", der zugleich Lehrmeister und Vorbild ist. Josef Kainz beklagte auf der Höhe seines Schaffens, daß ihm kein August Förster mehr helfe, dem er in den achtziger Jahren so viel schuldig geworden war. Das Verhältnis zu dem prachtvoll derben Alten hatte durchaus nichts Liebenswürdiges an sich. Nur mit Zittern betrat der junge, schon viel gefeierte Kainz da die Probe und versuchte, nachdem er sich zu Hause abgequält, das auf der Bühne auszudrücken, was ihm Förster tags vorher als Leitbrocken hingeworfen hatte. Und ein zustimmendes Knurren war ihm Himmelsmusik. Aber einen Begriff von Försters Art bekam man, wenn Kainz für irgendein Reisegastspiel selbst einige Stücke einstudierte. Der Text der „Iphigenie" und des „Gyges" wurde durch die Wort- und Situationsbelebung zu Wirkungen gebracht, wie sie für gewöhnlich nur Dramen mit stärkstem Handlungseinschlag beschieden sind. Er fand Einschnitte, über die man hinweggelesen, hinweggelernt hatte und ohne sein Halt auch hinweggespielt hätte; er zerlegte die innigsten Wortverbindungen, die man allgemein auch in Tonhöhe, Tempo, Stärke sozusagen als Ehepaar behandelt, in zwei Individualitäten; man mußte sich vom kleinsten Federstrich des Dichters blutvolle, phantasiebeschwingte Rechenschaft geben. Dann aber baute er auf: band die Satzteile sorgsam, aber bestimmt aneinander und wehrte jedes Betonen, das über das unbedingt Notwendige hinausging, ab; fügte Satz zu Satz, Abschnitt zu Abschnitt, die er wieder untereinander in ein harmonisches Verhältnis setzte — bis die Synthese gelungen, die letzte akademische Spur verwischt war und das ganze Gebilde fast plötzlich glänzend dastand wie der metallene reichverzierte Kern, der sich aus dem zerschlagenen Glockenmantel schält. Solche Proben bereiten dem Schauspieler wohl manchen demütigenden Augenblick — er fühlt sich dumm und ungeschickt —, aber wirklich auch nur für den Augenblick. Nach und nach verwischt sich die Arbeit des Spielleiters, der Darsteller wächst vollkommen hinein und gibt sich am Ende selbst. Und das wäre kein Theatermensch, der sich über den Erfolg der Mitwirkenden nicht von Herzen freute, auch wenn für seine Person, die des Spielleiters, weder Beifall noch Zeitungslob abfällt. Ich erinnere mich, um ein weiteres Beispiel zu geben, an Ernst Hartmanns Regie im „Egmont". Es war kaum eine halbe Stunde für die Szenen des Brackenburg vorgesehen, den ich am Abend spielen sollte. Ich hatte die Rolle gut gelernt und glaubte auch darstellerisch auf sicheren Wegen zu sein; aber Hartmann hielt mich bei jedem Satze an, gab mir Weisungen, spielte

mir Stellung für Stellung vor, bis ich am Ende ganz nieder=
gedrückt war und ihn geradezu um Verzeihung bat. Da schloß mich
der alte Herr in seine Arme und meinte, soviel Befriedigung habe
er lange Zeit nicht am Regieführen gehabt wie heute — es waren
zwei Stunden daraus geworden —, ich selbst wäre die Ursache, weil
ich die sonst ungern gespielte Rolle, die ihm früher selbst gehört,
mit sichtbarer Liebe ergriffen. Der Abend wurde eine meiner schön=
sten Erinnerungen. — Mag der Schauspieler auch mit dem besten
Spielleiter aneinandergeraten, wo es sich um Textverkürzungen
handelt — denn er möchte gern möglichst lange auf der Szene
stehen — so unterwirft er sich doch wenigstens mit heimlicher
Freude jedem, dem es um die Sache und ums Ganze zu tun ist, der
das Werk kennt und Einfälle hat, und der die guten Rollen nicht
selbst spielen und sie auch nicht anders besetzt sehen will. Von ihm
läßt er sich sogar elementare Fehler vorhalten, wie den Hang zum
Deklamieren und zur Kulissenreißerei; jedem andern, der das wagte,
würde er verächtlich den Rücken drehen.

Verhältnis zum Publikum. Der übt seine Kunst am reinsten
aus, weicht nie von der Wahrheit ab, der in seinem Geiste den Zu=
schauerraum Abend für Abend mit einem idealen Publikum füllt —
mag in Wirklichkeit auch sonstwer drin sitzen; Abend für Abend hat
dann die Weihe einer Erstaufführung, wirbt dem Theater neue
würdige Freunde, denn an jedem Abend gibt es wenigstens einen
Besucher im Hause, der zum ersten Male einer Aufführung gegen=
übersteht und der von da an vielleicht neue Lebenszeitrechnung
macht. Aber ist dieses ideale Publikum eine feste Größe, im Geiste
jedes Schauspielers dasselbe? Sehr oft wird hier der Wunsch der
Vater einer Fiktion sein und wer innerlich konstruiert ist wie ein
Hausknecht, der wird auch seinem idealen Zuschauer mächtig schal=
lende Hausknechtshände wachsen lassen und seinem breiten an=
steckenden Lachen zuliebe die heiteren Momente maßlos übertreiben
und unterstreichen. Andere Schauspieler wiederum rücken ihren
idealen Zuschauer ganz nahe an die Bühne, weil sie sich für zu gut
halten, um der letzten Galerie Zugeständnisse zu machen, sei es auch
nur das der Lautdeutlichkeit. Das sind die Leisen, Allzufeinen, die
sich schon im Leben nie mit der Wirklichkeit abfinden, in der Kunst
dann auch nicht mit der gegebenen, gewordenen Bühne. Sie ver=
steifen sich auf die zarten Ergebnisse ihrer häuslichen Arbeit; ihnen

sperrt alles den Weg, was nicht so ist wie daheim im Zimmer:
jeder Mitspieler eigentlich, am lästigsten aber das Publikum, das für
sie kein „Verständnis" haben kann — schon weil es sie nicht ver=
steht! Von diesen beiden Extremen abgesehen, hat aber der Begriff
des idealen Zuschauers seine Berechtigung und seine Vorteile. Dieser
vornehme Theatergast — in der Erstaufführung identifiziert er
sich mit der Kritik, späterhin mit dem inspizierenden Theaterleiter
— verhütet die Anarchie in der Aufführung. Denn geht die Achtung
vor dem Publikum verloren, ist kein Aufseher zur Stelle, so braucht
nur ein Hauptdarsteller das böse Beispiel zu geben, und im Hand=
umdrehen werden Szenen gekürzt, Mitspieler durch halblaute oder
nur geflüsterte Bemerkungen, die mit dem Stück nichts zu tun
haben, aus der Fassung, zum Lachen gebracht; es wird geplappert
statt erlebt, das Gesicht dauernd nach der Rückwand gekehrt und
Unfug mit Requisiten getrieben. Aber besonders in der Großstadt,
wo keine Theaterabonnenten sind, sondern Tag für Tag Fremde vor
fremden Schauspielern sitzen, muß diese Auflösung schon sehr weit
vorschreiten, ehe das Publikum sich empört: es wagt eben an solche
Rüpeleien gar nicht zu glauben.

Was verlangt nun der ideale Zuschauer vom Schauspieler? Da
er die Gewohnheit hat, aus allen Zimmern, in denen gespielt wird,
eine Wand herauszunehmen, jede offene Gegend nur von einer Seite
einzusehen, und da er trotzdem alle Menschen und Dinge, die oben
agieren und stehen, in jedem Augenblick greifbar vor sich haben
will, ob er sich nun am weitesten links oder rechts, auf einem
schlechten fünften Logenplatz oder in der letzten Reihe der Galerie
verquartiert hat; da er endlich kein Wort des Textes verlieren
möchte, so sind die Pflichten des Darstellers, der den idealen Zu=
schauer anerkennt, klar vorgezeichnet. Sie haben mit der Rolle selbst
nichts zu tun, die ja auch auf einem vollkommen geschlossenen oder
vollkommen offenen Schauplatz dargestellt werden könnte. Ich er=
innere an die alte Shakespearebühne, die einen Teil dieser schau=
spielerischen Rücksichten nicht zu nehmen hatte, da sich die Dar=
steller, soweit sie auf dem „O von Holz" agierten, nach allen vier
Seiten oder vielmehr nach allen Punkten der elliptischen Peri=
pherie hin gleichmäßig ergehen durften. Nur für die Hinterbühne
gab es das Problem der vierten Wand. Alle diese Rücksichten auf
den Zuschauer grenzen an das Gebiet, das bereits von uns durch=

schritten worden ist; es hieß „über der Rolle stehen“. Ein unend=
lich feines Kunst= und Taktgefühl gehört dazu, die Vorherrschaft
der offenen Wand gleichzeitig anzuerkennen und zu leugnen. Denn
in dem Augenblick, wo der ideale Zuschauer — nur er — spürt,
daß die offene Wand zur einzigen der Darstellung wird, ohne daß
die Dichtung ausdrücklich auf diese Einseitigkeit gestellt ist, empfin=
det er Mißbehagen, wie er anderseits empört ist, wenn er den Schau=
spielern fortgesetzt in den Rücken sieht und von ihren Worten nur
die Hälfte versteht. Daß auch hier Wellenbewegung in der Bühnen=
entwicklung, um nicht zu sagen: in der Mode, ist, läßt sich schon
beim Aufgehen des Vorhangs erkennen. In den neunziger Jahren
des letzten Jahrhunderts waren die Stühle um den Bühnentisch
herum allgemein wie im gewöhnlichen aufgeräumten Zimmer an=
geordnet und das Sopha stand hart an der Seitenwand; setzt rückt
man das Sopha wieder ein wenig von der Wand ab dem Zu=
schauer zu und öffnet die seitlichen Stuhlsitze in der gleichen Rich=
tung, so daß das Zimmer nie mehr ganz „ordentlich“ aussieht. Die
Tendenz der Darstellung schwankt eben zwischen Naturnähe und
Naturferne auch in kleinsten Dingen hin und her. Kehrt der Schau=
spieler dem Zuschauerraum den Rücken, was immer mit Maßen
zu geschehen hat, so spricht er unwillkürlich deutlicher, weil sonst
einzelne Laute, Worte, Sätze sozusagen in der Leinwand, den Por=
tieren, dem leeren Hinterraum hängen bleiben könnten. Wird das
Publikum unruhig, besinnt es sich darauf, daß es den Schnupfen und
Taschentücher oder Husten und einen Kehlkopf, um sich zu räuspern,
hat, so ist für die Szene Gefahr im Verzuge. Da verstärkt denn der
Darsteller, der gerade an der Reihe ist, fast unmerklich den Ton
und seine Gefühlsenergie und hält so die Katastrophe völliger Un=
aufmerksamkeit hintan. Geht die Unruhe in Zurufe über, droht
also ein Theaterskandal, so verlangt es die Sache doch, daß er auf
seinem Posten bis zum Fallen des Vorhangs aushält. Hierbei so=
wohl wie bei lauten Beifallsbezeugungen während des Aktes muß
er es über sich gewinnen, nicht um die Breite eines Haares von
dem auf den Proben festgelegten künstlerischen Wege abzuweichen.
Leider geschieht es oft, daß ein Dutzend Lacher unter 1500 Stillen
ihm einen großen Erfolg vortäuschen, daß er sich durch diese un=
maßgebliche Zustimmung verleiten läßt, stegreifmäßig aus der Rolle
herauszutreten, und daß er damit die Fünfzehnhundert verstimmt.

Verhältnis zur Kritik. Das Verhältnis des Schauspielers zum
Kritiker soll voraussetzungslos sein und die Deutsche Bühnen=
genossenschaft hat das zum Ausdruck gebracht, indem sie als Er=
gebnis einer Rundfrage in den Almanach setzte, Stadt für Stadt:
„Zeitungen (Besuche verbeten)". Trotzdem glauben es die Schau=
spieler noch vielfach ihrer Laufbahn schuldig zu sein, auf die Re=
daktionen zu gehen und um ein besonderes Interesse zu bitten. Ganz
von der Hand lassen sich die Gründe nicht weisen, die mitsprechen.
Wenn jemand über mich urteilen soll, so will ich ihm lieber zwei
als eine Gelegenheit bieten, mich kennen zu lernen. Und wie es
die „Genossenschaft" nicht untersagt, daß der Schauspieler für eine
fördernde Kritik dankt, so kann sie auch die Höflichkeit nicht aus der
Welt schaffen, die ihn zu einem Antrittsbesuch veranlaßt. Sein
Kampf — Winter für Winter, Sommer für Sommer an einem
neuen Orte — ist hart und unsicher genug: weiß er, wenn er in die
neue Umgebung tritt, ob nicht bereits ein Nebenbuhler sich bemüht
hat, sein Engagement oder doch seine Beschäftigung zu untergraben;
ob der Theaterleiter fest geblieben ist in der Schätzung des neuen
Mitglieds, das er vielleicht nur ein einziges Mal und innerhalb
eines ganz unbedeutenden Kunstkörpers gesehen hat, wo die Selbst=
täuschung Regel ist; ob der Spielleiter ihm nicht alte Bekannte bei
den Besetzungen der Stücke vorziehen wird; ob der Rezensent nicht
bereits von Leuten überlaufen worden ist, die dem Neuling aus
anderen Engagements nicht grün sind; endlich ob der Herr über
Erfolg und Durchfall es nicht doch vielleicht als Unhöflichkeit oder
Anmaßung auslegen könnte, wenn der Neue allein sich nicht vor=
stellte, da es die Alten tun?

Die Wirkung der Kritik ist unberechenbar. Ein grober Tadel kann
im Sande verlaufen, aber er kann auch dahin führen, daß der
Betroffene kalt gestellt oder aus dem ersten und zweiten Fach ins
dritte gedrängt wird. Ein bescheidenes Lob bringt, wenn es an dem
richtigen Orte gelesen wird, einen glänzenden Engagementsantrag
ein, ein überschwängliches wird oft bezweifelt und ignoriert. Auch
der Antrittsbesuch kann gut und schlimm ausgehen. Nicht jeder
macht im ersten Augenblick einen vorteilhaften, künstlerisch hoff=
nungsvollen Eindruck; und wenn auf den einen Kritiker, so nicht
auf alle. Das kann auf den Bühneneindruck hinüberwirken, so daß
der Erfolg des ganz unbekannten Schauspielers größer gewesen

wäre, als nunmehr der des flüchtig gekannten ist. Anderseits wirkt
mancher menschlich so sympathisch, daß seine schauspielerische Leistung unwillkürlich zu hoch bewertet wird. Wieviel auch hängt
von der Antrittsrolle ab! Vielleicht kennt das neue Mitglied seine
Grenzen selbst nicht und greift nach Kränzen, die ihm nie oder noch
nicht erreichbar sind. Oder es muß innerhalb des Spielplans mit
dem fürlieb nehmen, was gerade herrenlos ist, und kann deshalb
sein eigentliches Können nicht zeigen. Wohl aber macht der Kritiker
seine Meinung von dieser falschen oder halben Betätigung abhängig
und wirft den nur abwegigen Schauspieler gleich zu den Toten.
Ich sah Kainz einmal am Burgtheater in der Rolle eines behäbigen
bayrischen Philisters — mit dieser Leistung wäre der große Künstler als Debütant an jeder mittleren Provinzbühne — wie man so
sagt — eingegangen; so sichtbare Freude er selbst an der Aufgabe
hatte, jeder andere schüttelte den Kopf über die Verirrung und die
fast dilettantische Ausführung. Dagegen ist schon mancher mäßig
Begabte, der etwa als Amandus in Halbes „Jugend" zuerst auf-
getreten, in alle Himmel der Künstlerschaft erhöht worden. Wir
haben von Berlin aus einmal Hauptmanns „Weber" in einer
großen südöstlichen Stadt gespielt, freilich ohne ausreichendes Personal, und dabei jeder nach Möglichkeit zwei, drei Rollen übernommen, endlich aber doch der Not gehorchend, dortige Theater-
arbeiter zur Mitwirkung herangezogen, die auf dem Zettel „Herr
Helfer, Herr Möglich, Herr Notmann" hießen, und wir lasen am
Morgen darauf in der Zeitung, daß sowohl Helfer wie Möglich und
Notmann ihre schwierigen Aufgaben mit tiefem Eindringen in die
Dichtung und mit bewundernswerter Beherrschung des schlesischen
Dialekts bezwungen hätten. Soweit kam die Dichtung den Dar-
stellern entgegen.

Der eine Schauspieler verdankt der Kritik den halben Aufstieg, der
andere kommt gegen ihre Überzeugung hoch, der dritte trotz reich-
licher Verherrlichung nicht vom Flecke. Jedenfalls ist es müßig,
sich gegen scheinbare Ungerechtigkeiten aufzulehnen, die sich im Laufe
der Zeit meist regulieren. Wer lange genug lebt und Rollen zu
spielen bekommt, erreicht auch die verdiente Anerkennung; bis
dahin tut er gut, sich nicht ganz an die öffentliche Meinung zu verlieren und immer wieder in sich selbst und im Vergleich mit wertvollen Kollegen den nötigen Halt zu suchen; wohl aber auch von der

Kritik anzunehmen, was er irgend verwerten kann, und sei es im Großen, sei es im Kleinen, ihren Tadel mehr zu beherzigen als ihr Lob. Am Lob sind schon starke Talente zugrundegegangen: sie konnten ihren Ruhm nicht vertragen.

Die Rolle.

Äußere Form. Für die äußere Form der Rolle hat sich das Quartheft eingebürgert, auf dessen blauem Umschlag ein weißer, manchmal T-förmiger Zettel klebt; der Zettel trägt den Titel des Stückes und den Namen des Charakters, der innerhalb des Umschlags rollengemäß aus dem Ganzen herausgeschrieben ist, und darunter den des Darstellers, oder wenn die Rolle nicht in die erste Hand kommt, die Namen der Darstellerreihe. Manchmal findet sich der Zusatz: „mit freundlichem Ersuchen" — wo diese Rolle einmal schnell oder von einem sonst nicht dazu verpflichteten Mitgliede übernommen worden ist. Mit Beziehung auf die Ausführungen, die ich später zum „Aneignen" einer Rolle machen werde, setze ich ein paar Sätze aus Franz Moor her (heute bekommt der Franz Moor in der Regel das ganze gedruckte „Räuber"-Werk anstatt der Einzelrolle und streicht sich darin selbst seine Sätze an, die Stichworte unterstreicht er wohl auch mit Buntstift):

Erster Akt.

1. Szene.

Franken. Saal im Moorischen Schloß.

Franz. Der alte Moor.

Aber ist Euch auch wohl, Vater? Ihr seht so blaß.

Ganz wohl, mein Sohn — was hattest du mir zu sagen?

Die Post ist angekommen — ein Brief von unserm Korrespondenten in Leipzig —

Nachrichten von meinem Sohne Karl?

Hm! hm! — So ist es. Aber ich fürchte — ich weiß nicht — ob ich — Eurer Gesundheit? — Ist Euch wirklich ganz wohl, mein Vater?

zu dieser Besorgnis? Du hast mich zweimal gefragt.

Wenn Ihr krank seid — nur die leiseste Ahnung habt, es zu werden —

— — — — — —

Und so weiter bis zum Schluß der Szene. Dann heißt es:

2. Szene.
Schenke an den Grenzen von Sachsen.
nichts.

3. Szene.
Im Moorischen Schloß. Amaliens Zimmer.
Franz. Amalia.

Du siehst weg, Amalia? Verdien' ich weniger als der, den der Vater
verflucht hat?
Schaude der Menschheit! — Seinen einzigen Sohn!

— — — —

Und so fort durchs ganze Stück!

Rollenarten. Der Schauspieler unterscheidet gern kurzer Hand
dankbare und undankbare Rollen, dicke und dünne, gute und schlechte;
beurteilt sie also am liebsten nach dem Gewicht und nach der Wir-
kungsmöglichkeit. So erlebt man als Spielleiter, daß die Rolle
des Galomir in „Weh dem, der lügt" vom Darsteller mit dem Be-
merken zurückgeschickt wird, solche Unbedeutendheiten spiele er nicht.
Nach längerem Unterhandeln bringt man ihn doch zum Versuch,
und er erringt dann mit dem spärlichen Text einen Haupterfolg.
Der Spielleiter macht sich eine andere Einschätzung zu eigen; ihm
liegt daran, auch die geringste Aufgabe im Stück von einem guten
Darsteller spielen zu lassen, und so preist er die Personen der Handlung von oben nach unten etwa an: „Die Rolle überhaupt" —
jedes Stück hat mehrere solcher Einzigkeiten, es sind die pfund-
schweren, die schlechthin führenden —, dann „Prachtrollen" — Epi-
soden und Chargen mit einem oder zwei wichtigen Auftritten —,
drittens „hochinteressante Rollen, die Mitterwurzer gespielt haben
würde" — meist undankbare Repräsentanten, aber immer um den
Helden des Stückes herum —, weiter die „nicht sonderlich großen,
die aber, gut gespielt, kolossal wirksam sein können" — damit ist
meist nichts anzufangen —, endlich die „kleinen (zugegeben!), aber
für die ganze Handlung hochwichtigen" — die ragen kaum über
die Meldungen hinaus. Jenseits dieser Spielleiterrücksicht darf man
von Haupt- und Nebenrollen oder von ersten, zweiten, dritten und
den „übrigen" reden; wohl auch von stücktragenden und Mitläufern. Der Struktur nach sind die sinnlich gerundeten Charaktere
von den vorwiegend abstrakten zu trennen; neben ihnen stehen die

silhouettenhaften, skizzierten, die einen der Hauptcharaktere kon-
trastieren, ergänzen, einseitig belichten sollen. Wer „als Gast für die
Saison" engagiert oder zum Liebling des Publikums aufgerückt
ist, kennt nur noch eine Rollenart, die Gastierrolle: sehr gewichtig,
dankbar bis zum Enthusiasmus, alleinherrschend, das Stück fast
zum Monologe zusammendrängend. Virtuosen machen sich wohl
auch Lear, Richard III., Franz Moor so zurecht, daß sie noch die
besten Stücke der anderen Rollen in ihre herübernehmen, oder um
jede Konkurrenz auszuschließen, spielen sie zum schlimmen Franz
den edlen Karl Moor hinzu. Ganz besonders gern zeigten sich
früher diese Auserwählten der Gunst in dichterisch belanglosen Nich-
tigkeiten, mit denen sie unter Zuhilfenahme des Rotstifts, der Schere
und des Kleisters machen konnten, was sie wollten; den Höhepunkt der Leistung bildete wohl gar eine Szene eigener Erfindung
oder eine Nuance rein handwerklicher Herkunft.

Die umfangreichere Rolle erfordert nicht immer den größeren
Künstler, eher schon die stärkere Natur. Im Hofmarschall Kalb
haben mehr künstlerische Kräfte Raum als im Ferdinand; und doch
wäre der beste Kalb zuversichtlich ein schlechter Ferdinand. Friedrich
Haase, der so gern an den Figuren bosselte, war nur ein ausgezeichneter Klingsberg, kein glaubhafter Richard und Hamlet. Ein Lear,
der sich Hunderte von Wahnsinnstönen und -Gesten zurechtgelegt
hat, verliert Shakespeares Großzügigkeit endlich ganz aus dem Auge.
Manchmal fehlt nur das Organ, um aus einem guten Roller einen
noch besseren Karl Moor werden zu lassen; aber es fehlt eben und
kann durch kein künstlerisches Schauen ersetzt werden. Wendeten nun
die Zuschauer den zweiten und dritten Rollen die Teilnahme zu,
die ihnen im Verhältnis zu den ersten gebührt, so sähe es besser um
unsere Aufführungen aus, weil das ein Ansporn für die zweiten
und dritten Darsteller wäre; ja wohl auch häufiger, als es jetzt
geschieht, einen ersten Darsteller veranlassen könnte, sich mit einer
kleinen Rolle zu befreunden. Zu Schröders, Jfflands, Laubes Zeit
war das ganz selbstverständlich, und das Publikum lohnte diese
Selbstlosigkeit mit besonderem Dank. Auch nach dieser Zeit blieb
das gute Bestreben der Theaterleiter wach: unter Brahm in Berlin
spielte der geniale Hermann Müller einen armseligen Pharisäer in
Sudermanns „Johannes", den Motes im „Biberpelz", und niemand, der es erlebt, wird es ihm vergessen; unter Schlenther in

Wien sprach Sonnenthal die Stimme des Herrn im „Fauſt" und Ernſt Hartmann ſpielte den Romano im „Fiesko" — doch immer dünner iſt die Reihe dieſer Großen geworden, die auch gern einmal klein waren. Julius Bab hat in einem Buche 24 ſolcher Neben= rollen gehuldigt; man könnte die Liſte verzehnfachen, und ſagte man noch zehnmal ſoviel Schönes, Starkes, Richtiges über dieſe Ver= kannten, die Schauſpieler von heute erwärmten ſich nicht dafür.

Sinnlich gerundete, vorwiegend abſtrakte, ſkizzierte Charaktere — das iſt die Dreiheit, zu der jeder Schauſpieler Stellung zu nehmen hat. Sind die ſinnlich gerundeten gleichzeitig ſo mit Idealität durch= tränkt, wie beiſpielsweiſe bei Shakeſpeare, Goethe, Kleiſt, Grill= parzer, ſo ſieht der Darſteller kein höheres Ziel vor und über ſich als den Dichter zu erreichen. Selten genug gelingt es, denn es ver= langt eine gleiche Kraft des Geſtaltens, wenn auch mit anderen Mitteln. Das iſt kein Nachahmen, ſondern ein vollkommenes in= tuitives und geiſtiges Einsſein mit dem Dichter, und Raum für ganz individuelle Belebung der Übergänge, der Pauſen bleibt noch zur Genüge; nur erſtreckt ſich dieſe individuelle Beimiſchung nicht auf e n t ſ c h e i d e n d e architektoniſche Punkte des dichteriſchen Ge= bildes. — Entbehren aber die ſinnlich gerundeten Charaktere jeder ins allgemeine weiſenden Bedeutſamkeit, iſt ihnen alſo — wie meiſt in bürgerlichen Schauſpielen zweitrangiger Herkunft — kein rechtes Geiſtgeſchenk mitgegeben, ſo iſt es dem Darſteller geſtattet, aus ſeiner eigenen Phantaſie hinzuzutun, was den Charakter, ſei es als Individuum, ſei es als Typus hebt, d. h. über das Urbild hinauszugehen. Dieſe Erhöhung geſchieht, oft ſogar unwillkürlich, indem eine große ſchauſpieleriſche Perſönlichkeit irgendeine mittel= mäßige ſchriftſtelleriſche Leiſtung benutzt, um ſich ſelbſt heraus= zuſtellen. Bernhard Baumeiſter zog ſo Philippis „Erbe" dem Gerh. Hauptmannſchen „Fuhrmann Henſchel" vor und hielt das Stück viele, viele Jahre aufrecht. — Zu den vorwiegend abſtrakten Cha= rakteren darf man den Wurm in „Kabale und Liebe" rechnen; aber auch nur ſolange, als man ihn ſchauſpieleriſch nicht wiedergeboren hat. Denn in der Hut eines guten Darſtellers lebt er durchaus, wenn man ſeine unglückliche äußere Erſcheinung, ſeine Freude am Plänemachen und den Wunſch Luiſen zu beſitzen nur tief genug, ich möchte trotz ſeiner Herzloſigkeit ſagen: herzlich genug faßt. Auf den Franz Moor, Poſa, Geßler Schillers, auf Hebbels Clara und

Rhodope wie der sinnlich reiche Schauspieler dasselbe Prinzip der
Verleiblichung anwenden und überall in dem vielfältigen Funda=
ment dieser Charaktere Möglichkeiten finden, sie mit dem Blute
zu füllen, das ihnen der allzu liebevoll ins Ideale versenkte Dichter
vorenthalten hat. — Auch an skizzierten Charakteren und hier zu=
mal kann der Schauspieler die Selbständigkeit seiner Kunst erweisen.
Sind nicht die Riccauts — schon vom Dichter her — köstlich, und
doch, wie verschieden einer vom andern, obgleich nur eine einzige
Szene zur Verfügung steht? Hier wird der herabgekommene Falsch=
spieler ein wenig betont, dort der eitle Franzose, der sich gerne in
Damengesellschaft bewegt. Und Alba im „Egmont", Capulet und
Tybalt in „Romeo und Julia", Kottwitz im „Homburg", der stumme
Kaleb und der Mann vom Felsen in „Traum ein Leben", Ulrik
Brendel und Mortensgard in „Rosmersholm", der alte Hilse in
den „Weber" — endloser Zug unvergänglicher Gestalten, die
scharfgerissene Kontur zulassen und darum vor allem den proteischen
Talenten so willkommen sind! Ein ganzer Mensch in wenig Wor=
ten, aber gedrängtester Eigentümlichkeit. Und von dieser Gruppe
hinab zu den dritten, vierten, den allerkleinsten Rollen, die, wenn
aus Dichter Hand, so notwendig im dramatischen Gefüge sind
wie die erste; die auch ihren Lebenspunkt haben, den aufzusuchen
die Freude des Künstlers ist. Und sind sie aus unschöpferischer Hand
hervorgegangen, so muß es erst recht sein Stolz sein, ihnen über
ihre tote Anseligkeit hinaus etwas Lebensähnliches aus eignen
Mitteln einzuhauchen.

Rollenfächer. Wie die attische Tragödie mit einem einzigen Schau=
spieler neben dem Chore angefangen hat, dem sich dann ein zweiter,
ein dritter gegenüberstellten, so ist natürlich überall erst einer
einer gewesen: ein Priester oder ein Lustigmacher, der belehrend
unterhaltend auf die Menge zu wirken versuchte. Irgendeine Eigen=
schaft: Edelmut, Verschmitztheit gelang ihnen besonders gut,
als sich andere hinzufanden, die andere Eigenschaften verkör=
konnten, begannen die Szenen, begannen auch schon die Rollen=
fächer, die man heutigen Tages nicht aus der Welt geschafft hat,
übrig man eigentlich seit Christian Felix Weißes Tagen an
Individualitätsbesetzung gearbeitet hat. Zuerst schieden
sich die Tragöden von den Komöden, obgleich seit Molière
fanden sich in jedem Individuum beide Anschauungen des

mischen. Fast jeder kann einmal von ganzem Herzen fröhlich, von ganzem Herzen traurig sein und so ist natürlich auch der Schau= spieler geschaffen. Spielt er also mit seiner Seele, nicht nur mit angelernter Technik, warum soll er an einigen Punkten der Tragödie nicht heiter aussehen, in der Komödie nicht einmal ernsthaft wei= nen! Und je reicher die dichterische Unterlage, um so öfter wird sie ihm zu dieser scheinbaren Zwitterhaftigkeit Gelegenheit geben. Die erste Hälfte des 18. Jahrhunderts hat durch den Mund des Franz Riccoboni die Schauspieler zu dieser befreiende Tat laut auf= gerufen, aber jeder starke Künstler vor ihm muß in der Praxis schon diesen Ruf befolgt haben. Shakespeares Namen sind das Zeugnis. Trotzdem wagt man immer wieder erst nach langem Zau= dern, im ernsten Schauspiel die humoristische Beimischung heraus= zuarbeiten. „M...... als in Höhen der heiteren Lust schwebender Vorgang ist ....enentdeckung jüngerer Tag; und wie lange hat Ibsen ge....... er in sei... Gesellschaftstücken auch als Komödiendich....... t w..... Popanz des Problems ver= hing „Gespenst.........ie Frau vom Meere‟ mit ...che schw........, Sonne es Humors, die ...ge sind ...rin schle..... ...Also ach zwischen den ...zusuchen .....n und ko.......her... ...sen d Grenzen. Nur ...er Hand ....Wesentl........ ...e den nie lachenden ...en über... ...durch ...Ball ...den Emerich Ro... ...s eigenen ....e Chara..... .... „Prolog......‟ zu... ....er sein... .... da der un... ...en Schau... ...na.......u trag..... ...thier im ... ...sch........ .....von ger... ...einmal wer..... .....en ...gen. De... und oder ...mitive... .....e ...Schau... ...verfein....... .....eilung ...t, und von der ... .ausge... örpern Schausp..... .... ollen ...nur den m..... .....äter ...d, jo ...zum Kapital..... .... hen ...

Rhodope wird der sinnlich reiche Schauspieler dasselbe Prinzip der Verleiblichung anwenden und überall in dem vielfältigen Fundament dieser Charaktere Möglichkeiten finden, sie mit dem Blute zu füllen, das ihnen der allzu liebevoll ins Ideale versenkte Dichter vorenthalten hat. — Auch an skizzierten Charakteren und hier zumal kann der Schauspieler die Selbständigkeit seiner Kunst erweisen. Sind nicht alle Riccauts — schon vom Dichter her — köstlich, und doch, wie verschieden einer vom andern, obgleich nur eine einzige Szene zur Verfügung steht? Hier wird der herabgekommene Falschspieler ein wenig betont, dort der eitle Franzose, der sich gerne in Damengesellschaft bewegt. Und Alba im „Egmont", Capulet und Tybalt in „Romeo und Julia", Kottwitz im „Homburg", der stumme Kaleb und der Mann vom Felsen in „Traum ein Leben", Ulrik Brendel und Mortensgard in „Rosmersholm", der alte Hilse in den „Webern" — endloser Zug unvergänglicher Gestalten, die scharfgerissene Kontur zulassen und darum vor allem den proteischen Talenten so willkommen sind! Ein ganzer Mensch in wenig Worten, aber gedrängtester Eigentümlichkeit. Und von dieser Gruppe hinab zu den dritten, vierten, den allerkleinsten Rollen, die, wenn aus Dichters Hand, so notwendig im dramatischen Gefüge sind wie die ersten; die auch ihren Lebenspunkt haben, den aufzusuchen die Freude des Künstlers ist. Und sind sie aus unschöpferischer Hand hervorgegangen, so muß es erst recht sein Stolz sein, ihnen über ihre tote Armseligkeit hinaus etwas Lebensähnliches aus eignen Mitteln einzuhauchen.

Rollenfächer. Wie die attische Tragödie mit einem einzigen Schauspieler neben dem Chore angefangen hat, dem sich dann ein zweiter, ein dritter gegenüberstellten, so ist natürlich überall erst einmal einer gewesen, ein Priester oder ein Lustigmacher, der belehrend oder unterhaltend auf die Menge zu wirken versuchte. Irgendeine Eigenschaft: Edelmut, Verschmitztheit gelang ihnen besonders gut, und als sich andere hinzufanden, die andere Eigenschaften verkörpern konnten, begannen die Szenen, begannen auch schon die Rollenfächer, die noch heutigen Tages nicht aus der Welt geschafft sind, so eifrig man eigentlich seit Christian Felix Weißes Tagen an einer Individualitätsbesetzung gearbeitet hat. Zuerst schieden sich allzu reinlich die Tragöden von den Komöden, obgleich seit Menschengedenken sich in jedem Individuum beide Anschauungen des Lebens mischen. Fast jeder kann einmal von ganzem Herzen fröhlich, von ganzem Herzen traurig sein und so ist natürlich auch der Schau= spieler geschaffen. Spielt er also mit seiner Seele, nicht nur mit angelernter Technik, warum soll er an einigen Punkten der Tragödie nicht heiter aussehen, in der Komödie nicht einmal ernsthaft wei= nen! Und je reicher die dichterische Unterlage, um so öfter wird sie ihm zu dieser scheinbaren Zwitterhaftigkeit Gelegenheit geben. Die erste Hälfte des 18. Jahrhunderts hat durch den Mund des Franz Riccoboni die Schauspieler zu dieser befreienden Tat laut auf= gerufen, aber jeder starke Künstler vor ihm muß in der Praxis schon diesen Ruf befolgt haben. Shakespeares Dramen sind das Zeugnis. Trotzdem wagt man immer wieder erst nach langem Zau= dern, im ernsten Schauspiel die humoristische Beimischung heraus= zuarbeiten. „Nathan" als in Höhen der heiteren Luft schwebender Vorgang ist eine Bühnenentdeckung jüngerer Tage; und wie lange hat Ibsen gebraucht, bis er in seinen Gesellschaftsstücken auch als Komödiendichter gewürdigt wurde. Der Popanz des Problems ver= hing „Gespenster", „Rosmersholm", „die Frau vom Meere" mit feierlichen schwarzen Tüchern, so daß die Sonne des Humors, die auch darin schien, keinen Zutritt bekam. Also auch zwischen den tragischen und komischen Fächergruppen fließen die Grenzen. Nur ein aufs Wesentliche blickender Leiter konnte dem nie lachenden, immer wie durch weitläufige Paläste schreitenden Emerich Robert eine komische Charge wie den Krasinsky im „Probepfeil" zuteilen, und wer außer seinem Direktor hätte geglaubt, daß der unwider= stehliche Spaßmacher Georg Engels vom Wallnertheater im „Deut= schen" der nahezu tragischen Erscheinung des Crampton gerecht zu werden vermöchte! Nicht einmal Engels selber.

Italienische Masken und deutsche Fachbezeichnungen. Der pri= mitive Gegensatz zwischen tragischen und komischen Schauspielern verfeinerte sich mehr und mehr durch weitere Zellenteilung. Schon von der lateinischen Komödie hatten die Italiener, das ausgemachte Schauspielervolk, eine Reihe von Typen übernommen — ich nenne nur den miles gloriosus, der bei ihnen zum Capitano, später bei uns zum Kapitän Bombenspeier wurde — und ihnen neue hinzugesellt. Vielleicht sprach bei der Bestimmung solcher Typen die äußere Erscheinung mehr mit als die innere Begabung, denn Pantalone mußte immer von langer Figur sein, der Dottore klein und plump,

gewandt der Capitano-Scaramuccio; Schönheit zierte alle Liebhaber und Liebhaberinnen, die auf ständige Namen wie Lelio, Octa-
vio, Isabella und Leonore getauft waren; akrobatische Geschicklichkeit gehörte zu Scapino und Arlecchino, Colombina endlich verfügte von Kunstwegen über ein überloses Mundwerk. Wo eine besonders starke neue Kraft auftauchte, die nicht in die Zwangsform
paßte oder nicht hineinwollte, entstand eine neue Type, etwa die
ältere Ergänzung zur Colombina, die Marinetta, oder auch ein
dritter Narrenspieler, Mezzetin oder Pierrot. überhaupt waren die
Hanswürste darauf bedacht, in recht vielen Funktionen aufzutreten,
wovon schon einmal ein Dutzend aufgezählt worden ist (S. 6). Und
doch verwuchsen sie so sehr mit ihrem Fachnamen, daß alte Theater-
zettel, wie einer von 1740, die Typenbezeichnung statt der bürgerlichen anwenden, etwa:

Tarquinius — Mons. Arlequin
Collatinus — Mons. Dottore

Das regelmäßige französische Stück übernahm manches von den
italienischen Stegreiftypen, gab ihnen nur andere Namen, und Molières Mascarille und Sganarelle sind noch Ausläufer von dort-
her. Im 18. Jahrhundert begegnen uns bei deutschen Wander-
truppen Fachbezeichnungen wie „Tyrannenagent", „Königsagent",
„Heldenspieler", „Prinzenspieler"; in Verbindung mit dem Mannheimer Hof- und Nationaltheater (1779) wird das Personal fol-
gendermaßen gegliedert:

1. Zärtlicher Alter
2. Komischer Alter
3. Raisonneur
4. Erster Liebhaber
5. Zweiter Liebhaber
6. Petitmaitre, Fats usw.
7. Erster Bedienter
8. Zweiter Bedienter
9. Charakterrollen
10. Zärtliche Mutter
11. Komische Mutter
12. Erste Charakterliebhaberin
13. Zweite Liebhaberin
14. Dritte Liebhaberin zu naiven Rollen
15. Erste Soubrette
16. Zweite Soubrette

In den vierziger Jahren des 19. Jahrhunderts heißen einige
Fächer: Mantelrollen, Römische Rollen, Pfiffige Bediente, Vertraute; noch 1890 meldet der Almanach vielfach Intriguants, Bonvivants, Pères nobles. Und doch war schon viele Jahre vorher

die Fachbezeichnung offiziell durch den „Deutschen Bühnenverein" — d. i. der Direktorenverband — abgeschafft worden.

Für und gegen das Fach. Freilich einseitig, ohne die Organisation der Schauspieler zu fragen, die noch heutigen Tages für die Beibehaltung oder Wiedereinführung eintritt! Hier erkennt man, besonders für den Mittelstand des Berufs, eine große Gefahr in der nicht mehr spezialisierten Bezeichnung „Schauspieler", auf die jetzt alle Verträge lauten. Tatsächlich hat es der Theaterleiter nun leicht, den Mitgliedern Rollen vorzuenthalten, auf die sie nach ihrer eignen Überzeugung und nach der einer anderen Stadt und anderen Presse Anspruch zu haben glauben. Das von ihnen dem Direktor eingereichte Rollenverzeichnis bindet ihn natürlich ebensowenig. So kann er ein Mitglied zu kleinen Aufgaben verurteilen oder ganz ausschalten und ihm dadurch in der ferneren Entwicklung und Laufbahn hinderlich werden, ohne den Vertrag zu verletzen, ja auch ohne subjektiv eine Ungerechtigkeit zu begehen: denn er traut diesem Mitgliede nun einmal die Rolle nicht zu, einem anderen aber sehr wohl. Gäbe es dagegen noch die Fachverpflichtung, so hätte er das so übergangene Mitglied nicht übergehen dürfen.

Wenn auch heute noch die Theateragenten der Bequemlichkeit wegen ihre Klienten nach Fächern empfehlen (erster Held, jugendlicher Held, erster Komiker, jugendlicher Komiker, Heroine, Sentimentale, Muntere usw.), und wenn auch die Direktoren ihre Wünsche noch meist nach Fächern äußern, so spricht doch manches gegen diese Verschachtelung der Talente. Vor allem haben sich die Charaktere in den dramatischen Dichtungen so differenziert, daß die Fachbezeichnungen in ihrer Begrenztheit und ihren scharfen Gegensätzen nicht mehr zutreffen. Entweder müßten Dutzende von neuen Fächern geschaffen und Vertreter dafür engagiert werden (was schon aus wirtschaftlichen Gründen nicht angeht), oder diese Stücke dürfte man nicht spielen; sie haben manchmal vier, fünf Rollen, die dem sogenannten Charakterfach nahestehen — sollen darum die „Liebhaber" feiern? Und wo bekommt ein Theater fünf „Charakterspieler" her? Aber die Differenziertheit ist gar nicht neuen Datums, sie ist schon das Wesen shakespearescher Kunst oder, da wir den großen Engländer erst nach Lessing kennen lernten, sie waltet in „Minna von Barnhelm", im „Götz", in „Emilia Galotti". Ekhof hat die deutsche Schauspielkunst bereits vom Fache befreit, als er seinen Odoardo schuf.

Das Fach verleitet den Schauspieler nicht nur zur Einseitigkeit — das wäre nicht so schlimm, denn ein großer Teil der Fachgegner ist zu einseitig, um ein ganzes Fach auszufüllen —, es treibt auch zur Schablone hin. Wer lange in der Provinz gewesen ist, wo die Fächer noch einigermaßen eingehalten werden, kennt die stereotypen, durchaus konventionellen Bewegungen und Tonfälle vieler Bonvivants und Salondamen, womit sie so ziemlich alle modernen Rollen bestreiten. Einer guckt's dem andern ab und jeder merkt, daß diese äußerlichen Gleichmäßigkeiten dem Publikum immer wieder gefallen. Er versucht es also, sie mehr und mehr abzurunden, wobei ihm starke Empfindung nur hinderlich wäre; versucht dann mit diesen konventionellen Mitteln und einigen Handwerksgriffen allein auszukommen, findet, daß es eben so bequem wie dankbar ist, und — erstarrt. Aber sein Fach füllt er vortrefflich mit gleichbleibendem Erfolge aus. Schließlich lernen auch unbegabte Schauspieler diese Führer zum Erfolg kennen und so kann beim Theater, wie Laube sagt, Mangel an Talent zu hohen Jahren kommen. Weiß der Himmel, wie Tell und Hamlet ins gleiche Fach gestopft worden sind — es ist aber so — und nun denke man an erstarrte Töne und Gesten, die dem schillerschen Bauern und dem shakespeareschen Renaissancemenschen feinster Prägung gleichmäßig aufgezwungen werden! Sie bleiben beiden viel schuldig, besonders das Leben. Und der Schuster Weigel soll zugleich Falstaff sein! Wie oft muß da die geistige Linie verwischt, aufgelöst werden.

Die Theaterleiter, die weniger für die Schauspieler als für die Aufführungen verantwortlich sind, sahen ein, daß der Darsteller des Tell vielleicht einen guten „Ersten Schauspieler" im „Hamlet" abgeben könnte, der des Geßler aber einen ausgezeichneten Dänenprinzen, und der Schuster Weigel wurde statt des Falstaff ein urkomischer Friedensrichter Schaal, der unter dem genialen Lumpen nur Rekruten aushob. In der Hand eines wahrhaft künstlerischen Theaterleiters war die Abkehr vom Fach ein Jungbrunnen, der Schauspieler und Stücke frisch erhielt, die sonst leicht wie abgespielte Klaviere klingen. Freilich griff mancher Publikumsliebling nur aus Eitelkeit in fremde Bezirke hinein und gab vom eignen Fachbesitz nichts her; aber wie hätten unter der Autokratie des Faches ander-

seits Rudolf Rittner und Else Lehmann ein erträgliches Engagement finden sollen, da die alte Einteilung nicht auf sie paßte!
Und Alexander Moissi? Nur aus Fachrücksichten ist bis in die
jüngste Zeit die Jungfrau von Orleans den Heroinen überlassen
worden, die meist die Maße der Isabella und Medea und leider auch
nur massive Töne haben. Was wurde dabei aus dem zarten ver-
sonnenen Hirtenmädchen und aus der ganzen Tragödie? Am
Burgtheater waren die Sappho und Rahel („Jüdin von Toledo")
in einer Hand, in einer genialen sogar; aber die kleine spanische
Jüdin litt wie unter der Folter; sie blieb Torso und riß das ganze
Stück in ihren Mißerfolg hinein; erst Agnes Sorma, die „Muntere", löste später in Berlin den schweren Bann. Die Ehrfurcht vor
dem Fach gebot, daß Bernhard Baumeister nie Leon in „Weh
dem, der lügt" und nie „Tell" werden durfte: die deutsche Bühne
hätte wohl nichts Köstlicheres zu sehen bekommen!

Mit der Abschaffung der Fächer ist auch der Übergang vom
jungen ins alte leichter geworden. Er war das schwere Kreuz der
Liebhaber und Liebhaberinnen. Jetzt bittet der überreife Ferdinand
um den Präsidenten und der bisher den Präsidenten gespielt hat,
bekommt den Miller oder den Wurm; Luise geht zu Rebekka West,
Maria Stuart zu Elisabeth über — eben weil sie alle nur noch
„Schauspieler" und „Schauspielerinnen" sind.

Der tiefere Sinn des Faches wird freilich nie verschwinden. Das
Individuum des Darstellers soll in die Gattung ausstrahlen. Über-
triebene Vereinzelung des Charakters nimmt ihm die großbogige
Wirkung, auf die das Theater angewiesen ist. Immer muß wie
zart und unmerklich auch immer die Bühne dem Fresko zuneigen,
das der menschlichen Stimme und Gebärde die heimlichsten persönlichen Reize nimmt. Der deshalb gehobene Ton und der höher
gehobene Arm sind deutlicher, aber nicht herzlicher als in der Ruhe-
lage; sie nähern sich schon ein wenig dem verallgemeinernden Typus,
den es erst einmal zu überwinden gegolten hatte. Lessings Franziska wurde anfänglich gewiß nach dem Colombinentypus hin ver-
gröbert, kam dann unter die Schablone der Naiven, irgendeine ganz
naturalistische Individualität mag ihr wohl auch einmal die derben Züge eines sächsischen Dienstmädchens mit Besen und Scheuer-
lappen gegeben haben, bis Lucie Höflich die wundervolle Mischung
fand: Vertraute durch Reinheit und Humor, aufmerksame Gesell-

schafterin, guterzogenes Mädchen vom Lande, Einzelwesen und weit=
hin gültiges Muster, frei und gebunden, selbständig im Wort, er=
geben im Handeln.

Aneignen der Rolle. Gäbe jeder Schauspieler einmal Rechen=
schaft über den Weg, der ihn zu einer bestimmten Rolle geführt hat,
so lernten wir so viele Wege wie Schauspieler kennen. Das allen
Wegen Gemeinsame wäre ihnen ja das Selbstverständliche; sie wür=
den also nicht darüber sprechen. Nun braucht aber ihr Individuelles
auf diesem Gebiete gar nichts Wesentliches zu sein. Bei Umfragen
ließ sich wenigstens diese Beobachtung machen. Der zum Reden
oder Schreiben Gezwungene fängt an, um die Sache herumzu=
schleichen und zu phantasieren, um originell zu erscheinen, und
weiß auch meist gar nicht mehr, wie sein Gedächtnis zum Text, seine
Seele zur Darstellung der Rolle gelangt ist. Im „Schaffen des
Schauspielers" versuche ich an der Hamletrolle Zeile für Zeile
so einen Weg zu beschreiben: ein Buch ist daraus geworden,
und doch habe ich beileibe nicht alle Erregungen des Gestaltens
fixiert. Immerhin erscheint mir diese Darlegung objektiver als
etwa Konrad Falkes ungemein liebevoller Versuch, Kainzens Ham=
let im einzelnen auf die Spur zu kommen: ein stattliches Monu=
ment für den dahingeschiedenen Künstler; aber ich selbst käme bei
derselben Leistung zu ganz anderen Erklärungen als der Ästhetiker
Falke, der manchen schauspielerischen Zug des Künstlers nicht und
viele mißverstanden hat. Was hilft es ihm, daß er acht Hamlet=
aufführungen beigewohnt hat, wenn er den Proben und der Studier=
stube ferngeblieben ist! Ja, in diesem Falle sprechen sogar ganze
Jahrzehnte mit, wo die Hamletgestalt still in Josef Kainz weiterge=
wachsen war, ohne daß er bewußt das Geringste daran getan hätte!

Ein gedachter Mensch ist in einen wirklichen zu verwandeln;
aber weder dadurch, daß das geistige Element aufgehoben oder
beiseite geschoben werde, noch auch durch grobe Verstellungskünste.
Und in so vollkommener Verschmelzung von Ton und Gebärde, daß
ein Blinder durch die hörbare, ein Tauber durch die sichtbare Hälfte
überzeugt werden müßte. Denn beide Hälften haben einen gemein=
samen Fruchtboden, die Seele, die allein den Ton aus der schul=
mäßigen Form zu erlösen und den Leib zum Strahlen zu bringen
vermag. Ton und Gebärde sind gewissermaßen die Wegweiser im
idealen dichterischen Raum; erst durch sie wird er für die meisten

Laien betretbar. Diese Wegweiser zeigen den Pulsschlag der Einzel-
gestalt und gleichzeitig das Problem des ganzen Werkes, führen in
Tiefen und Höhen hinein, die im Buche nur für wenige erkennbar
sind. Das Nursinnliche aber ist im Bühnenraum flach und leer,
so lange es nicht auch sinnvoll ist. Jeder Schritt ist Symbol. Die
bloße körperliche Schaustellung hat mit Kunst nichts zu tun; erst
indem die äußere, sichtbare Fläche innerliche, im allgemeinen un-
sichtbare Vorgänge spiegelt oder durchscheinen läßt, erhebt sie sich
über die maschinenähnliche Mechanik unkünstlerischer Körper. Daß
viele Theaterbesucher in ihren Ansprüchen bescheidener sind und in
dem ebenmäßigen, laut tönenden Körper eines Heldendarstellers
oftmals ohne weiteres die verleiblichte Seele des Dichters anschwär-
men, gehört zu den vielen Mißverständnissen in der Theaterkunst
und vielleicht zum Schmerzensgeld für ihre Vergänglichkeit.

Das Auswendiglernen. Der Laie bewundert mit Vorliebe am
Schauspieler das Gedächtnis, wohl weil er sich gewisser Schwierigkeiten entsinnt, die ihm in der Schule das Aufsagen von Gedichten
und Jahreszahlen bereitete. Und doch hat noch keinen die Rücksicht
aufs Gedächtnis vom Schauspielerberuf abgehalten. Unser Lernen
ist zwar von dem Merken, Einprägen, das andere Berufe verlangen, durch Wortwörtlichkeit verschieden, aber ich glaube, daß beides
nebeneinander läuft und daß jeder sich beides dienstbar machen könnte.
Unser Gedächtnis wird auch nicht, wie viele annehmen, mit der Übung
und den Jahren besser, sondern es unterliegt etwa vom dreißigsten
Jahre an dem Gesetze der allgemeinen Sinnesabnützung. Der langsam arbeitende Schauspieler spürt eigentlich das Auswendiglernen
gar nicht; er liest die Rolle mit Anspannung rein gestaltender, nicht
memorierender Kräfte sehr oft durch, entdeckt immer neue Einblicke
in das Wesen des Charakters, Beziehungen aufs Ganze, und ist
fast erstaunt, wenn er plötzlich Wort für Wort im Kopfe hat.
Der Franzose hat dafür den Ausdruck par coeur und wahrlich, wer
mit dem Herzen, mit ganzer Seele sich so eine Dichtung zu eigen
macht, der erhält am Schluß das Auswendiglernen als Geschenk.

Meist aber sind dem Schauspieler solche Wochen ruhiger Vorbereitung nicht gegönnt; er muß eiligst und aktweise memorieren,
von einem Tag zum andern, nachdem er kaum den Charakter in
den verschwommensten Umrissen erfaßt hat. Da wird ihm denn
von mancher Theaterleitung tatsächlich nur ein Tag für einen

Akt gegönnt, so wie der Spielleiter auf den ersten Proben nur einen
einzigen Akt an einem Vormittag durcharbeitet. Das so rasch Ge=
lernte, nur einmal überschlafene kann sich nicht „setzen", kann noch
keine in sich selige Vollkommenheit sein, aus der die Seele des Dar=
stellers ohne Anstrengung mit Materie, mit Wortfolgen gespeist
wird. Es ist dann eine einzige, wenn auch durchaus nicht unfrucht=
bare Unruhe auf diesen Proben, wo der Souffleur noch schreit.
Die Seele möchte sich nur zur Gestalt sammeln und stößt sich
schmerzhaft fort und fort an Dingen, die zur Gestalt nur eine
ganz äußerliche Beziehung haben; eben an den Worten, deren Auf=
einanderfolge der Darsteller noch nicht beherrscht und deretwegen
er nun den Gehörsinn auf Reisen schicken muß, zum Einhelfer hin.
Das beraubt ihn gestaltender Kräfte. Erst wenige Tage vor der
Aufführung wird er ruhig, wird er souverän; manchmal nicht
einmal dann, so daß erst die vierte, fünfte Aufführung seiner Lei=
stung die volle Rundung gibt.

Andere wieder lernen von Anfang an rein mechanisch. Was
zwischen und hinter den Worten steckt, kümmert sie nicht. Sie ver=
trauen dabei auf ihre Routine, die in Ton und Gebärde auf alle
Charaktere passen muß; vor allem aber verlassen sie sich auf den
Spielleiter, der schon die gröbsten Dummheiten hintanhalten wird!
Je besser und einfallsreicher der ist, um so mehr zieht er in den
Mitwirkenden diese mechanische Art des Lernens groß. Und er
ist auch gar nicht böse darüber, kann dann viel freier mit ihnen
schalten und erfährt wenig Widersprüche bei seinen Anordnungen.
Freilich ist's ihnen peinlich, daß er sie nach jedem zweiten, dritten
Wort unterbricht und daß die Uhrfeder ihres Gedächtnisses nicht
hemmungslos abschnurren kann; aber sie tauschen dafür soviel
gute Dinge, Momente, Hinweise ein, die später von der Kritik
ihnen selbst gutgeschrieben werden, daß sie die Elementarschule wäh=
rend der Proben schließlich ganz gern mit in den Kauf nehmen.
Ihnen hat der Souffleur nichts zu sagen; sie haben nur alle Hände
voll zu tun, um die Probenfrüchte zu sammeln, die nicht auf
ihrem eignen Boden gewachsen sind.

Eine Abart des Auswendiglernens kennt der Einspringer, der
Allesspieler, Hans Allerlei, wie er wohl genannt worden ist. Er
ist die Perle des Direktors, solange er für seine außergewöhnlichen
Dienste nicht auch eine besondere Entschädigung verlangt; aber auch

ohne diese Einschränkung eine von den Lebensnotwendigkeiten des Theaterkörpers. Denn es gibt bei den Mitgliedern Krankheiten, die sich nicht acht Tage vorher ankündigen, sondern sie so plötzlich überfallen, daß sie am Morgen für den Abend absagen müssen. Nur selten sind die Rollen durch eine zweite Besetzung vorstudiert; übernimmt also nicht ein mutiger Schnellerner die Aufgabe des Erkrankten, so muß die Vorstellung durch eine andere ersetzt werden, wohl gar ausfallen: ein beträchtlicher Verlust! Aber meist findet sich der rettende Engel und macht sich im Notfalle 60 bis 80 Quartseiten im Laufe eines Tages zu eigen. Von mechanischem Beherrschen ist da natürlich nicht die Rede; er kann sich keinem Worte ganz überlassen, geschweige denn den Sätzen, den Szenen, dem Charakter; tastet sich vielmehr an einem dünnen Verstandesfaden und an mnemotechnischen Vorstellungen behutsam — auch in leidenschaftlichen Szenen — von Stütze zu Stütze, lehnt sich aber ganz besonders an den Souffleur an, so daß das Publikum seine Rolle eigentlich zweimal hört. Qualvolle Stunden für ihn, die in Schlaflosigkeit und anderer Nervosität noch lange nachwirken. Der einzige Gewinn für den kleinen Schauspieler, endlich einmal in so einer führenden Rolle draußen zu stehen, wird meist noch zunichte gemacht durch seinen schwachen Erfolg, so daß der Theaterleiter keineswegs Lust verspürt, den hilfsbereiten Mann in Zukunft besser zu beschäftigen. Zudem wird ja auch der Erkrankte wieder gesund und bleibt im Besitze der Rolle. Aber vorgekommen ist es schon, daß bei solchem Einspringen ein Talent entdeckt worden ist, und auf diesen Glücksfall rechnen in jedem Theaterbetrieb einige Ehrgeizige. Während so eines Abends geht es kunterbunt im Schauspielerhirne zu: er weiß, daß bei seinem Auftritt der Gegenspieler einen halbseitenlangen Satz hat (die Stichworte zu lernen war ganz unmöglich!), nach dieser Länge richtet er sich, nicht nach dem Inhalt, und während der andere spricht, macht er eine gewisse mittlere Miene, die alles ausdrücken kann und nichts sagt, repetiert dabei aber seinen eigenen ersten Satz oder schwitzt Blut, wenn er das Anfangswort nicht gleich findet; dann stiert er wohl verzweifelnd schon in den Souffleurkasten hinein, um den Retter zu beschwören, und wartet denn auch geduldig, bis er's mit verlängerten Ohren erhascht. Er weiß weiter, daß sein dritter Satz oben rechts in der Rolle steht und mit „nachdem" beginnt; daß er,

sobald er am Fenster sitzt, das Wort „Zeitgeist" zu gebrauchen
hat. Versteht er aber — wie oft! — den Souffleur schlecht, so
quält er sich, gleichsam von ungefähr, in seine nächste Nähe hin,
und hört er auch da nur irgendein drittes, viertes Wort des Satzes
und gerade das erste und zweite nicht, so bildet er sich die Sätze
selber und verliert nun oft das Stilgefühl, weil er auf den not-
dürftigsten Sinn und die Grammatik achtet. Ich denke an die
Szene im vierten Akt der „Maria Stuart" zwischen Burleigh
und Aubespine, dem französischen Gesandten:

Aubespine: Ich gehe, ich verlasse dieses Land,
    Wo man der Völker Recht mit Füßen tritt
    Und mit Verträgen spielt — doch mein Monarch
    Wird blut'ge Rechenschaft —
Burleigh: Er hole sie!

Das spielte sich nun in Berlin einmal wegen allzu schneller Übernahme der Aubespinerolle nicht ganz wortgerecht ab:

Aubespine: — — —
    Und mit Verträgen spielt — doch mein Monarch (kleine Pause)
    Kann sehr unangenehm werden —
Burleigh: Der meine auch!

Durchaus sinngerecht und grammatisch fehlerlos — nur etwas komisch und gegen den Stil! Die Antwort Burleighs ist gleichzeitig ein Beispiel dafür, daß der Schauspieler auch über der
Rolle stehen und etwas vom Stegreif in Bereitschaft haben muß.
— So ein Schnellerner weiß am nächsten Tage fast gar nichts mehr
vom Texte und wenn er nach drei Wochen wieder darankommt, so
fängt er mit dem Memorieren von vorn an.

  Will der Schauspieler Herr über die Rolle sein, so muß er sie
auch plappernderweise können. Erst dann fühlt er die Wonne des
Beseelens. Die Wortfolge ist nun nichts anderes als die automa-
tische Beinbewegung beim Gehen, beim Radfahren. Nur so wird
genug Kraft frei, um die eigentlich lebendigen ästhetischen Forderungen zu befriedigen. Ja, es gibt sogenannte Klappszenen, wo
Schnelligkeit allein die ästhetische Führung hat und wo unsere
innere Vorstellung den Worten des Gegenspielers gar nicht nachzu-
kommen vermag. In der Wortgruppe („Misanthrop", 1. Akt; Schluß)

Alcest: Genug!
Philint: Indes . . .
Alcest: Verlassen Sie mich jetzt.

Philint: Das ist zu viel.

Alcest: Ich wünsche . . .

Philint: Wenn . . .

Alcest: Kein Wort!

Philint: Weshalb . . .

Alcest: Umsonst!

Philint: Doch . . .

Alcest: Still!

Philint: Es ist nicht sein . . .

Alcest: Zum Henker auch, ich wäre gern allein.

Philint: Wo denken Sie nur hin? Ich geh' nicht fort.

lernt Philint ganz mechanisch auswendig: „Indes — Das ist zu viel — Wenn — Weshalb — Doch — Es ist nicht sein — Wo denken Sie nur hin? Ich geh nicht fort" — und achtet der Alcest= einwürfe nur nach ihrer zeitlichen Ausdehnung, nicht mit Rück= sicht auf ihren Sinn; sonst „schleppt" der Aktschluß.

Drei Stufen der Aneignung. Alles menschliche, alles natürliche Schaffen kreist in drei Bahnen, einer zentripetalen, einer zentralen und einer zentrifugalen; der aufnehmenden, der verarbeitenden, der abschleudernden. Auch wo sie der Künstler leugnet, beweist sie sein Werk. Ihm mag der aufnehmende Aktus nicht bewußt geworden sein: er war da. Das Verarbeiten des aufgenommenen Stoffes geschieht wohl einmal im Nu, aber es geschieht. Immer ist das Abschleudern Ergebnis aus Aneignung fremden Stoffes und Erre= gung eigener, darauf reagierender Kräfte. Beim Schauspieler im besonderen ist das Aufnehmen ein Ertasten, das Verarbeiten ein Auseinanderlegen, das Abschleudern ein gleichzeitiges Aufbauen. Sein Körper zwar bleibt, wo er ist, aber um so deutlicher wird dabei, daß auch seine Kunst eine seelische Funktion ist, und seine Seele wird wirklich abgeschleudert, reißt sich von ihm los wie das Kind von der Mutter.

Erste Stufe: Das Ertasten. Stunde der Empfängnis, Urgrund aller Freude, Entrückung ins Niedertretene, heilige Umschattung, um in geheimnisvoller Dunkelheit den Schlüssel zur Erlösung zu fin= den. Gesetze gleiten ab wie überlebte Schlangenhäute — keine Schwere mehr, die uns zu Boden reißt, kein Straucheln über jahr= millionenalte Hindernisse; Ohr und Auge von ihren brutalen Trie= ben, das äußere Rundumher aufzunehmen, befreit und zu inneren Offenbarungen verfeinert, der Geist von den Kausalitäten des Tages abgezogen und hineingerissen in eine wunderbare Verworren=

heit idealer Gebilde, die nach und nach sich zu durchsichtigster Klar=
heit enträtselt, einheitliches Gleichnis der in tausend Stücke zer=
splitterten Wirklichkeit!

Man dürfte nicht darüber sprechen, hätte nicht jeder Mensch ein=
mal ähnliche Augenblicke gehabt.

> Hier lieg' ich auf dem Frühlingshügel:
> Die Wolke wird mein Flügel —

Im eisigsten Winter, an dumpfem Orte, zwischen aufdringlichen
Menschen — man hört Mörike sprechen oder liest ihn selbst und fühlt
plötzlich ein weißes Flügelpaar unterm Rücken wachsen, spielende
Finger rühren an Primeln und Anemonen, das Auge schweift ins
dörfliche Tal, das Ohr hört eine Schalmei; erstes Gras kitzelt
Wange und Nase, Schollenduft steigt sichtbar wie Rauch aus der
trächtigen Erde! — Und Sommer wird's in der Sekunde, die
Wiese ist aufgeschossen, daß wir ganz darin versinken, wenn es
irgendwo singt:

> Ich liege still im hohen grünen Gras
> Und sende lange meinen Blick nach oben —

Auch das, schon beim Nichtkünstler, Einstellung, Einfühlung, Um=
stellung, Umschaffung, Erlösung — eine Abart von Schöpfung, wie
sie des Künstlers Beruf ist. Dort nur vorüberhuschend, den Ge=
nießenden schnell wieder in die Gesellschaft entlassend; hier ver=
harrend, weiter wirkend; das ganze Leben begleitend, erfüllend;
zu Taten spornend; ähnlichen, gegensätzlichen Taten. So befruchtet
der Dichter den Maler, der Maler den Dichter; der Dichter den
Schauspieler, der Schauspieler den Dichter.

Der Theaterdiener bringt die Rolle, man wägt sie, quittiert
den Empfang und blättert flüchtig darin. Dann holt man sich
das Drama, dem sie entnommen ist, und beginnt. Bereitschaft!
Körper und Seele ausgeruht; nicht ausgelaugt durch den Raubbau
eines Klein= oder Mittelstadttheaters, das wöchentlich zwei Erst=
aufführungen gebären muß und wieder verschlingt. Sammlung,
der „große Weltenhebel" Grillparzers, unter dessen Niederdruck
die Angeln neuer Tore erbeben! Nur sie reißt Himmel und Hölle
eines Kunstwerks auf und läßt uns schauen, was irrende Tages=
sinne nie fassen können. Das Stück ist von Shakespeare oder von
Kleist, von Hebbel — also kennt man's ja? O nein, man kennt's im
allgemeinen nicht. Als Kainz den Berlinern der neunziger Jahre

Bürgers „Lenore" und den Wienern unseres ersten Jahrzehnts den „Kampf mit dem Drachen" geoffenbart hatte, kam ihnen erst zum Bewußtsein, daß sie von beiden Gedichten noch gar nichts gewußt hatten, obgleich sie Vers für Vers mitsprechen und den Künstler ohne Buch überhören konnten. — Wir hatten ein halbes Gymnasialjahr an zwei Akte des „Tell" vergeudet, und als am Theater die Titelrolle zuerst an mich kam, wollte ich sie nicht spielen — so zuwider war mir das Werk geworden. Dann aber fing ich an darin zu lesen, wie eben der Schauspieler liest, und erlebte es endlich, in einer, in zwei unvergeßlichen Stunden!

Bereitschaft, Sammlung, Erwartung! Unterhalb des Zwerchfells, in den Rumpfmuskeln, wo sich das Gemüt leiblich bemerkbar macht, spürt man die Erregung am deutlichsten. Stimmung: Vorspiel zu „Rheingold" — Großes tündet sich an, noch chaotisch, umrißlos. Der Schauplatz ganz knapp angedeutet — Terrasse, Schloß, Ebene — sofort phantasiemäßig bereichert durch unsere einschießenden Erinnerungen an Bilder, Reisen, Wanderungen; die Tageszeit aus der zehnten Zeile des Dialogs klar hervortönend: „hier, unter Sternen" — der ganze Himmel erglüht in Silber; Land, Klima, Jahreszeit, Zeitalter, halb vom Hauche des Dichters herwehend, halb vom Leser erfühlt; zwei Menschen wechseln Worte, die auf bronzenen Füßen zu gehen scheinen: so fest ihre Struktur, so zart ihre Biegung zum Vers hin! Noch ist kein Gesicht sichtbar, nur der Mund, schön und edel geschwungen; aber bald blitzt ein Auge drüberweg, eine Stirne legt sich in Falten; die Brust hebt sich, ein Arm reckt sich zum Himmel, schwurartig; dann schreitet der eine und der andere eilt ihm nach; er ist der jüngere, bittet, nennt ihn Vater. Das Verhältnis klärt sich, Wünsche werden laut. Auf dem Raum einer Seite steht ein Problem da, groß genug über Jahrhunderte zu dauern; die beiden, die es wie von ungefähr aufrollen, bekommen in wenigen Zeilen Gestalt, Antlitz, Herz, Lebensanschauung, werden dem Alter und der Tracht nach bestimmt, haben eine Aufgabe, und auch Widerstände künden sich schon an. Nur ein Dichter vermag das. Und auf schaukelnden Wellen trägt er uns in sein Reich hinein: Rhythmus, Reiniger des Schicksals, unverlöschliches, mauerdurchschneidendes Leuchtfeuer inmitten der Stürme und Nebel! Wenn der Schauspieler nichts von alledem sieht, was ich vorher genannt — den Rhythmus erfaßt er; der Rhythmus spricht

zu seinem Instinkt, und der Instinkt tastet sich zu Takt, Tonstärke,
Tonhöhe hin, zur Melodie, und Melodie löst die Rätsel, die der
Verstand nicht lösen konnte. Wie nah, wie fern das Werk dem Alltag — mögen andere sich über die Art der Stilisierung den gelehrten Kopf zerbrechen — der Schauspieler spricht sich halblaut ein
paar Verse vor und weiß Bescheid über Welt und Umwelt des
Stückes.

Wie auf Rembrandts Hundertguldenblatte klären sich Köpfe und
Menschengruppen nach und nach vom Grunde los und drängen sich
an den Lesenden. Und er möchte sie auch auf der Bühne so sehen
wie hier, als Torsi; der Körper zusammengedrängt in einen
schreienden Mund, ein gebeugtes Knie, eine geballte Faust. Statt
dessen gibt die Bühne auch diese Torsi als Vollfiguren; da sind
denn oft zwei Arme, zwei Beine, zehn Rümpfe zuviel da, auch
einmal ein Kopf! (Wie eindrucksvoll, wenn Cäsar im Zelte des
Brutus nur den Kopf zeigt!) Über den Gruppen schweben symbo-
lische Farben, ein heißes Rot, ein klagendes Violett, ein ergebenes
Weiß. Es rasselt von Rüstungen, klirren Schwert und Schild,
hallen Trompeten. Stimmen rufen gegeneinander, durcheinander;
eine einzelne setzt sich herrschsüchtig darüber, ihr antwortet aus der
Tiefe eine zweite, Wort prallt auf Wort, Berge bauen sich auf
aus Zorn und kreißen tobend, bis dann der eine kommt und den
Kampf beschwört. Und dieser eine ist Er, bei dessen Namen es den
lesenden Schauspieler elektrisch durchzuckt; er, dem er seinen Körper
leihen, den er in seiner Seele mütterlich hegen und zur Reise
bringen soll.

Nun regt sich's schon in den Gelenken, den Muskeln; es leidet
den Lesenden nicht mehr am Tische, auf dem Stuhle; die Kehle
stellt sich ein, er liest summend mit; Ton will werden, Grundton des
Charakters. (Man denke an Othello und Hamlet, ihre ersten Worte,
um nachzufühlen, was der Grundton einer Rolle ist und wie der
bei aller Verschiedenheit nicht das geringste mit Verstellung zu
tun hat!) Ertasten mit den Fingerspitzen der Phantasie; Umwittern,
Umschleichen, Handreichen, Ans-Herz-drücken, leidenschaftliches Um-
klammern: ich lasse dich nicht, du segnest mich denn! Und der
Segen bricht herein, wo Rolle und Schauspieler als Gleichgeartete
oder Ähnliche tönend, blutend zueinanderstoßen. Da ein Jauchzen,
dort ein Aufheulen: das bin ja ich selbst, war mein Fall vor einem

Jahre, wird mein Schicksal in Zukunft sein! Riegel fallen vom
Munde: was man immer hat sagen wollen, niemals hat sagen
dürfen — hier ist's auf die Zunge gelegt und man muß es sagen,
vor aller Welt sagen, dem Dichter und sich selbst zur Genugtuung.
Die Entdeckungsreise geht weiter. Schon im zweiten Akt findet man
Beziehungen zum ersten, die, wie man glaubt, noch niemand gesehen und ausgedrückt hat. Man blättert zurück, um eine Anmer-
kung zu machen. Solcher Verknüpfungen gibt es bei Kleist, bei
Hebbel, bei Ibsen zahllose; sie schießen beim zweiten Lesen üppig
wie Pilze nach Regengüssen auf, kaum zu bewältigen! (Ein grobes
Beispiel: Nathan erfährt in der ersten Szene, Recha sei bei einem
Haar verbrannt. Der Darsteller, dem hier nicht einfällt, daß Nathan (siehe Akt IV) seine Frau und seine sieben Söhne schon durch
den Verbrennungstod verloren hat, wird auf Dajas Mitteilung
nicht richtig reagieren.) Verwirrende Fülle der Blicke — Erschütte-
rung — Verzweiflung: wie soll das je eine Einheit werden! Nur
Zeit, nur Zeit! — Beim zweiten Lesen überschlägt man bereits die
Szenen, in denen man nichts zu tun, zu reden hat; aber sie sind
darum nicht wertlos geworden, werfen fort und fort Lichter auf
die anderen; aus der Erinnerung des Lesers heraus. Die Reden
der Gegenspieler dagegen übergeht man noch nicht; sie verlangen
Anteil durch stummes Spiel, wohl auch durch einen Schrei. Solche
Stellen notiert man sich durch Bleistiftzeichen. Und allmählich
gleitet man zur nackten Rolle hinüber und wird in dieser Beschrän-
kung ruhiger, zuversichtlicher; denn nun stürmt's nicht mehr von den
zehn Seiten der zehn Kämpfer her, der Sturm wird ein ein-
schichtiges Sausen, in dem man die eigne Stimme wieder hört. Zwar
sieht man noch keine klare Form, der Affekt triumphiert noch über
den Künstler, doch schwebt's wie Hoffnung darüber. Glückseligkeit
der ersten Einfühlung.

Es gibt Schauspieler, die nur aus der Rolle lernen können,
wo die Reden der Gegenspieler nur in ihrer letzten Zeile wiedergegeben sind — Stichworte —; der übrige Szenentext verwirrt sie,
lenkt sie ab. Die anderen sehen gerade darin eine Erleichterung,
daß sie die fremden Sätze immer vor sich haben; weil sie sich dann
Spiel, Tempo, Wartezeit von vornherein einteilen können. Eine
kleine Schar, besonders Frauen, schreiben sich die Rollen selber ab
und behaupten, sie schon dabei fast auswendig zu lernen.

Zweite Stufe: Das Zergliedern. Der zweite Schaffenszustand, das Verarbeiten, tritt nun ein. Aber nach der Uhr ist er weder vom ersten, dem ertastenden, noch vom dritten, dem aufbauenden, zusammenfassenden, abschleudernden zu trennen. Sehr bewegliche Naturen drängen alle drei beinahe in einen, und wo schnelle Arbeit gefordert wird, ist auch für weniger bewegliche die Formel „drei ist eins" Gebot. Die Grenzen sind unscharf und viele Schauspieler kommen überhaupt aus dem ersten dämmerhaften Zustand gar nicht heraus, bevor sie auf die Probe gehen, und wenn dort kein guter Spielleiter nachhilft, so bleiben sie bis zur Aufführung im vorbereitenden Stadium. Das kann manchmal sogar eine recht schöne Skizze geben, die künstlerischer ist als die durchschnittliche Lösung der Schwierigkeiten durch Routine. Schillers Karl Moor, Ferdinand, Max, Amalie und Luise leiden nicht allzusehr, wenn die analytische Behandlung fehlt; unerträglich aber bleiben andere Charaktere Schillers, bleibt so ziemlich das ganze Werk der übrigen Dramatiker, wenn der Schauspieler sich allein seinem guten Glück überläßt.

Freilich ist das Zergliedern nicht jedermanns Sache, auch nicht jedermann zuträglich; theoretisch unumgänglich nötig, praktisch manchmal ein Hemmnis. Denn wer sich später nicht wieder in den Zustand der Intuition zurückzuversetzen vermag, der streift hier den Blütenstaub allzu leicht ab und für immer. Man riecht das Öl der Lampe, die während der Kleinarbeit gebrannt hat; die freie Luft der Naivität ist fortgedrängt. Es ist die Periode, wo das Geistige regiert; und wer der geistigen Disziplin ungewohnt ist, leidet an seinem sinnlichen Teile mehr als der Darstellung gut ist. Man spürt das am ehesten an dem schleppenden Tempo einer Leistung; die Gewichte unbeherrschter Verstandesarbeit hängen daran. Schauspieler also, denen diese Gefahr droht, geben sich am besten in die Hut ihres Spielleiters, insofern der die nötige Hilfe zu leisten vermag (er versagt leider oft). Die besteht dann im großen ganzen darin, daß er sie erstens auf die nicht zutage liegenden Beziehungen, Verknüpfungen aufmerksam macht, die zwischen den Sätzen und Akten bestehen; dann unterbricht er, wo er in Ton und Gebärde etwas Unlebendiges, Konventionelles spürt; vor allem aber macht er auf übersehene, überspielte Einschnitte aufmerksam, die das Gerüst der Szenen sind; schlägt ihnen Gänge, Pausen, Betonungen, Tempowechsel vor, und alles ohne umständliches Reden, rein durch realistische Winke. Alle bedeutenden Regisseure haben diese „Innenregie" über die Herrichtung des Schauplatzes gestellt; unbedeutende dagegen ihr Heil nur in der Umwelt des Stückes gesucht.

Quellenstudium? Ob nun das Zergliedern daheim erledigt wird, ob es erst auf der Probe neben den anderen Mitwirkenden geschieht, es ist ein zeitweiliges Loslösen von dem Charakter, der dargestellt werden soll; so wie sich der Bildhauer vor sein Tonmodell stellt. Hundert= und tausendfältig sind die Möglichkeiten und die Notwendigkeiten. Sich aber über Dramen, die geschichtlichen Rückhalt haben, in der Geschichte selbst Auskunft zu holen, ist im allgemeinen nicht gutzuheißen. Jedes Kunstwerk ist eine in sich vollkommene Welt, hat ihre eigenen Motive und eigenen Ziele, muß ohne äußere Voraussetzungen erlebbar und also auch, wenn es ein Drama ist, ohne sie darstellbar sein. Zwar soll der Schauspieler von einem hohen Bildungsniveau herab sprechen, dennoch von keinem höheren als dem der kennerischen Zuschauer oder dem des Dichters. Seine Lebens= und Kunsterfahrungen wird er natürlich verwerten, wo sie ihn befähigen, in die Tiefe der Charaktere hinabzusteigen und sie zu reiner Form zu entwickeln; aber das krampfhafte plötzliche Aufsuchen von Schmökern, um über irgendeinen vielleicht historisch gewesenen Lear und einen wirklich wahnsinnigen Hamlet Aufschlüsse zu bekommen, hat keinerlei zeugende Kraft für den Schauspieler. Was nützt es ihm, daß er sich über Egmonts Ehe vergewissert, wo der goethische doch ein Junggeselle ist; daß er den „Landgrafen mit dem silbernen Bein" aus dem Grabe zitiert, wo der ewig leben= dige kleistische Homburg auf zwei gesunden einhergeht. Immerhin hat es oft sein Gutes, sich Gemälde aus der Zeit anzusehen, in der das Stück spielt — insofern der Dichter selbst in die echte Zeit hinabgestiegen ist und nicht etwa seine antiken Griechen ins 17. Jahr= hundert gestellt hat. Racines „Phädra" z. B. gehört weit eher dem Frankreich Ludwigs XIV. an als der sagenhaften kretischen Epoche, von der ihre Charaktere die Namen haben. Die beste Sitten= und Kunstgeschichte des Altertums trägt dann kein Steinchen her= bei, das für den Bau einer Aufführung wertvoll werden könnte; höchstens daß in diesem einen Falle ein Vergleich mit dem „Hippo= lyt" des Euripides nur um so deutlicher mache: hier sind Fran=

zofen der Barockzeit und nicht primitive Helden und Bewohner niedriger verwinkelter Paläste. Die kulturelle Atmosphäre der Dichtung gilt es sich zu eigen zu machen, wenn die Charaktere Verhältnis zueinander haben und nicht als neutrale Sonderwesen agieren sollen. Diese Atmosphäre aber holt man sich besser aus der Umgebung und Epoche des Dichters als aus der Jahreszahl der zugrunde liegenden Fabel. So schadet es keineswegs der Hamlettragödie, wenn man sie elisabethanisch kostümiert, wie es dem schillerschen „Don Carlos" offensichtlich genützt hat, am Deutschen Theater um ein halbes Jahrhundert vorgeschoben zu werden, zu Velasquez hin; im letzten Grunde trägt dies Werk sogar die Züge des 18., des Schillerischen Jahrhunderts.

Die Technik. Zwischen dem Ein- und Ausatmen der dichterischen Charaktere liegt vor allem der Tummelplatz schauspielerischer Technik. Denn wie reich auch die Ausbeute sei an Empfindungskontrasten u. dgl., sie dürfen nicht im Zustande der Erkenntnis, der Kritik bleiben — der bühnenmäßige Ausdruck muß für sie gefunden werden. Wer also — im engeren Sinne — viel kann, bringt auch viel, manchmal zuviel ans Rampenlicht. Die Kunst des Sprechens, von der Lautbildung an bis zur Architektonik der Szenen und Akte, ja des ganzen Stückes hin, feiert ihre Feste in diesem Schaffensraume. Akzente logischer, ethischer, symbolischer Art durch Verstärkung, Erhöhung, Vertiefung, Untermalung des Tones; Hervorhebung oder Überwindung von Rhythmus und Reim, Beschleunigung und Verlangsamung des Vortrags — und alles dies einander durchdringend und zur Harmonie des Charakters führend, und neben der Verlebendigung des Wortes die ergänzende, parallellaufende oder auch gegensätzliche Gebärde — ankündigend oder gleichzeitig oder nachfolgend —, wiederum als Durchleuchtung des Charakters! Voraussetzung dieser zergliedernden Arbeit ist die Überzeugung: der Dichter läßt kein Wort aus seiner Feder, das nicht notwendig wäre und nicht am einzig möglichen Orte stände. Fehlt diese Ehrfurcht, dann ist der dramaturgischen Bearbeitung Tür und Tor geöffnet, aber auch dem Vandalismus der Textkürzung, der Umstellung, dem Extempore (man denke an Holbeins „Kätchen von Heilbronn" und an Deinhardsteins „Bezähmte Widerspenstige"). Durfte das erste Drittel des Aneignungsweges zufrieden sein, wenn der Grundton, die allgemeine Haltung, das Freskohafte der Geste, das annähernde Verhältnis zu den Gegenspielern festgelegt war, so muß jetzt das gesamte Gewebe des Charakters so durchkontrolliert werden, daß auch kein Knötchen unbeachtet bleibt. Und käme plötzlich eine Lebenslage für ihn, die der Dichter gar nicht behandelt hat — der Darsteller dürfte nicht in Verlegenheit darüber geraten, wie er sich darin zu benehmen hätte!

Die „Auffassung". Im engeren und weiteren Sinne des Könnens darf der Darsteller nicht über sich hinausgehen, will er kein Lügner werden. Was wir deklamieren nennen, ist solch ein Mißverhältnis zwischen matter Empfindung, aussetzender Anschauung und starkem Ton. Die Nachahmung von oft gesehenen schauspielerischen Leistungen steht auf derselben Stufe. Lieber eine kleine künstlerische Ehrlichkeit als eine wirksame Unselbständigkeit! Nicht immer — sogar höchst selten — kommen gewaltige Aufgaben zu glücklichen Lösungen. Wer vermag Wallenstein und Macbeth auszufüllen, wer Falstaff und den Richter Adam? Je mehr das mittlere Talent die Rollen zergliedert, um so höher schlagen die Wellen über ihm zusammen. Da fängt es nun gern an, ganze Komplexe auszuscheiden, für die es keinen Ausdruck hat, und andere dafür zu bevorzugen, ohne an die Geschlossenheit alter Eigenschaften zu denken. Aus der Plastik wird eine Silhouette. Und noch schlimmer: aus des Schauspielers Armut eine Anmaßung. Denn er spricht dann gern von seiner Auffassung und sucht sie den Kollegen, dem Spielleiter und dem Publikum zu beweisen. Der Dichter habe manche Eigenschaften nicht klar genug herausgearbeitet und so müsse ihm der Schauspieler zu Hilfe kommen (daß er die Hälfte der dichterischen Schöpfung unterschlägt, betont er nicht!): Wallenstein sei eben „ein notorischer Schwächling", Macbeth ein „Pantoffelheld". Zwischen Max Piccolomini, Carlos, Romeo und dem Prinzen von Homburg entscheidet in der Darstellung manchmal nur Kostüm und Perücke. So wird die klägliche Not als Überlegenheit herausgeputzt. Hamlet weint einen wertherianischen Jammer ins Taschentuch und streicht dafür den vierten Akt, weil da „der Dichter aus der Rolle gefallen" sei. Schauspieler Niemand aus Kleinstädteln gegen Shakespeare! Das Wesen des dichterischen Genies hat eine Spannweite, unter der so ziemlich alle Schauspieler Platz haben, ohne an ihrer Eigenheit einzubüßen. Shakespeare ist geradezu als überpersönlich zu charakterisieren, er blieb nicht innerhalb der Grenzen seines Eilands, wenn er Menschen schuf — Othello ist wirklich ein Afrikaner, Julia eine Italienerin, und Richard III. ist nicht gleich von Garrick ausgeschöpft worden. Schröder sagt naiv von dem „Natursohn" Shakespeare, er „mache ihm alles so zu Dank"; er fühlt sich als sein Zeit- und Kunstgenosse und es lagen doch etwa 170 Jahre und ein Meer zwischen ihnen. Der ideale Raum der Dichtung, Mensch und Umgebung, läßt, weil er geheimnisvoll für Tausende gemeinsam ist, auch tausend schauspielerischen Individuen den konkreten Platz; und gut, wenn sie für das, was sie dem Dichter schuldig bleiben, Ersatz an persönlichem Reiz bieten! Wallenstein kann klein, kann groß von Gestalt sein, sein Ton metallen oder dumpf, die Geste ausladend oder eng, seine Mimik beweglich oder steinern, selbst die Mischung von Zaudern und Zupacken, von freundlichen und herrischen Gefühlen darf schwanken — nur fehlen darf weder Vorsicht noch Energie und der bedeutende Kopf; denn nicht den Wachtmeister und nicht Seni will man in ihm noch einmal sehen.

Die Betonung. Auf den Proben ist so unendlich viel zu tun, daß die logische Betonung schon vorher, zu Hause, erledigt sein müßte. Nur da hat man die Ruhe, verschiedene Möglichkeiten durchzuprüfen. Meist werden aus Bequemlichkeit mehr Worte herausgehoben, als herauszuheben nötig ist. Aus Bequemlichkeit! Denn sehr oft macht's Mühe, unter zehn Worten das eine zu finden, das den Wert, den Sinn des ganzen Satzes symbolisiert; der nicht sehr gewissenhafte Schauspieler hilft sich gern damit, daß er in Fällen, die er nicht entscheiden kann, alle Hebungen betont, ohne Rücksicht auf die verwirrende und langweilende Wirkung solcher Unentschiedenheit. — Natürlich muß sich diese geistige Disziplin auch lohnen. In dem Satze: „Durch diese hohle Gasse muß er kommen" ist sicher im Laufe von hundert Jahren schon jedes Wort zur Herrschaft gelangt: überflüssige Wahl, da es sich mehr um die allgemeine sinnliche Erregung Tells handelt, der sein Ziel nach vielen Schwierigkeiten erreicht hat, als um die geistige Festlegung, daß es nun gerade diese Gasse oder gar die Hohlheit der Gasse, oder eine Gasse überhaupt wäre, für die er gelitten, oder daß Geßler gezwungen sei, hier durchzukommen, und einzig und allein Er. Weil alle diese Gründe für die Betonung des Einzelwortes einen Schein von Berechtigung haben, läßt man sie besser alle sozusagen am Boden schleifen und drückt nur ein wenig auf das ganz ungeistige primitive „kommen". — Im letzten Akte des „Tasso" heißt es:

> Verbiete du dem Seidenwurm zu spinnen,
> Wenn er sich schon dem Tode näher spinnt:
> Das köstliche Geweb' entwickelt er
> Aus seinem Innersten und läßt nicht ab,
> Bis er in seinen Sarg sich eingeschlossen.
> O geb' ein guter Gott uns auch dereinst
> Das Schicksal des beneidenswerten Wurms,
> Im neuen Sonnental die Flügel rasch
> Und freudig zu entfalten!

Es ist das dichterische Gleichnis für die zwiespältige Erfahrung des Künstlers. Er schafft, weil er schaffen muß; ob er belohnt, ob er verachtet, belächelt werde — gleichviel. Aber des Dichters Wort, während seines Erdendaseins verschmäht, steigt später in die höhere Realität der Unsterblichkeit auf. Der Seidenwurm stirbt, sein wunderbares Gewebe bleibt, und über das Werk schwingt sich der zweiflügelige Schmetterling empor. Nicht jedem Leser des goethischen Textes wird das klar, auch mancher Darsteller mag darüber hingeglitten sein. Vielerlei betonen verwirrt, die einfachste Lösung ist die: in der siebenten Zeile ein kleiner Druck auf „Das" und in der achten Zeile auf „Flügel". Das Doppelschicksal steht deutlich da! — Nicht immer genügt die Tonvariation, zuzeiten zieht man die Gebärde zur Klärung heran. Jeder kennt das Nathanzitat aus der Ringerzählung, das beginnt:

> Es eifre jeder seiner unbestochnen,
> Von Vorurteilen freien Liebe nach!

Dem Sinne nach beginnt es aber schon mehrere Zeilen früher. Denn „seiner" bezieht sich nicht auf „jeder" (obgleich sogar die Bühne diesen Fehler oft mitmacht), sondern auf den „Vater", der vorläufig noch allein die unbestochene, vorurteilsfreie Liebe geübt hat. Wir andern sollen ihm darin „nacheifern". Und darum ist auch nicht „Liebe" samt den Attributen zu betonen, sondern die letzte Silbe „nach"; bei „seiner" aber wird man eine bescheidene Hand- oder Armbewegung nach dem ideellen Vater hin machen, an Stelle eines tonmäßigen Nachdrucks.

Die Gliederung. Auch das Aufbauen der Redekomplexe gehört ins Haus und nicht auf die Probe. Ein Beispiel aus dem „Prinzen von Homburg":

Hoch auf, gleich einem Genius des Ruhms,
Hebt sie den Kranz, an dem die Kette schwankte,
Als ob sie einen Helden krönen wollte.
Ich streck', in unaussprechlicher Bewegung,
Die Hände streck' ich aus, ihn zu ergreifen:
Zu Füßen will ich vor ihr niedersinken,
Doch wie der Duft, der über Täler schwebt,
Vor eines Windes frischem Hauch zerstiebt,
Weicht mir die Schar, die Ramp' ersteigend, aus;
Die Rampe dehnt sich, da ich sie betrete,
Endlos, bis an das Tor des Himmels aus,
Ich greife rechts, ich greife links umher,
Der Teuren einen ängstlich zu erhaschen;
Umsonst! Des Schlosses Tor geht plötzlich auf;
Ein Blitz, der aus dem Innern zuckt, verschlingt sie,
Das Tor fügt rasselnd wieder sich zusammen:
Nur einen Handschuh, heftig, im Verfolgen,
Streif' ich der süßen Traumgestalt vom Arm:
Und einen Handschuh, ihr allmächt'gen Götter,
Da ich erwache, halt' ich in der Hand!

Der Prinz erzählt dem Freunde, wie er zu dem Handschuh ge=
kommen ist. Die Zuschauer haben die Szene, die er ausführlich
beschreibt, bereits vor Augen gesehen. Das ist wegweisend für die
rhetorische Behandlung. Von den 20 Versen sind 18 ein Anlauf
zum Sprung auf die beiden letzten. Kein einziges der Bilder darf
natürlich verloren gehen: Natalie, die den Kranz hochhält, und
wie der Prinz ihr zu Füßen sinken will; die Schar der Freunde,
die zurückweicht und von der er rechts und links hin einen zu er=
haschen sucht; das sich öffnende Tor, aus dem Licht hervorströmt,
das sich schließende; das Ergreifen des Handschuhs — und doch alles
hastig, traumhaft, vorbereitend, mit dem schon innerlich gefühlten,
aber äußerlich noch verhaltenen Jubel zwischen Wort und Wort,
daß der schöne Traum schönste und unbegreifliche Wirklichkeit ge=
worden ist. Wer sich hier in Tonmalerei, in Tonstärke, in der
Geste vor der 19. Zeile ausgibt, wer sich nicht etwas ganz Be=
sonderes dafür aufspart, der hat den Dichter nicht verstanden und
sich die Mittel der eigenen Kunst auch nicht zu eigen gemacht. —
Und noch eine allgemeine Bemerkung darf hier angeschlossen wer=
den: die Interpunktion des Dichters bindet den Schauspieler nicht
so schulmäßig, als müsse er bei jedem Punkte die Stimme sinken,
bei jedem Komma sie in der Schwebe lassen. Entscheidend ist nicht
das einzelne Bild, sondern das Ganze. In dem zitierten Redestück

gleitet der Schauspieler über zahlreiche Kommata weg, setzt den Punkt der dritten Zelle nur einem Komma gleich und behandelt das Semikolon ähnlich, so daß nicht ein einzigesmal der Ton fallende Tendenz bekommen darf.

So wird der einzelne Satz, das mittelgroße Einzelredestück, so wird auch nach Möglichkeit die Szene und die ganze Rolle für die Probe bereitet, auf der dann die Gegenwirkungen der Mitspielenden und der Umwelt als weiter helfende oder auch als schwächende Kräfte hinzutreten. Die Szene hat wie der einzelne Versfuß und Vers Hebungen und Senkungen; sprechen die Darsteller alles gleichwichtig, so weiß der Zuschauer am Ende nicht einmal, worauf es eigentlich ankam. Denn eine immer gleichbleibende Bedeutsamkeit ist um kein Haar künstlerischer als ein gleichmäßiges Geplapper: der Perpendikel an der Standuhr, den man sehr bald überhört! „Don Carlos", Akt IV, 13. Galerie. Carlos und Lerma. Inhalt: Lerma beargwöhnt den Marquis Posa, Carlos wehrt sich erst dagegen, wird nach und nach schwach und faßt schließlich den verzweifelten Entschluß zur Eboli zu gehen. Bis zum ersten Höhepunkt „Das ist nicht wahr" kein lauter Ton; wie eine Rakete muß diese halbe Zeile auffahren! Dann allmählich der Abstieg zur tiefsten tränenvollen Bekümmernis: „Ich hab ihn verloren. O! Jetzt bin ich ganz verlassen!" Und zum Schluß ein Schrei krankhafter Hoffnung: „Gott sei gelobt! Noch e i n e n Freund". Was zwischen diesen drei Stützpunkten der Szene liegt, darf nur als Übergang behandelt werden. Auf drei entscheidende Verse kommen also 69 weniger wichtige und unwichtige.

Und wie innerhalb der Szene, so ist innerhalb der Rolle architektonisch zu denken. Ein Hamlet, der den Monolog „Sein oder Nichtsein" als Mittel- und Gipfelpunkt herausarbeitet, läßt das Drama „Hamlet" links liegen. Diese Betrachtungen sind ein Lyrikum, ein Ruhen, ein vorübergehendes Eratmen, Erschlaffen und haben mit der Handlung so gut wie nichts zu schaffen. Shakespeare hat sie übrigens in den verschiedenen Ausgaben an verschiedene Stellen gebracht; ein Beweis mehr, daß sie im Gefüge des Ganzen nicht den allernotwendigsten Platz haben wie die übrigen Monologe.

Der Einfall. Der einfallsreiche Schauspieler sieht in der Rolle mehr Einzelheiten als der Dichter. Iffland überlud seine Leistungen gern damit, Friedrich Haase tat es, auch unter den Zeitgenossen

findet man's hin und wieder. Das kann ein realistisches Detail
sein (wenn der Just in der „Minna" beim ersten Auftritt den
Stiefel seines Herrn übern Arm gestreift und die Bürste in der
anderen Hand hat), eine Nüance (Don Carlos, der im Gespräch mit
Alba [II, 5] ein-, zweimal nach dem vermeintlichen Brief der Kö-
nigin unter seinem Kollett faßt, so daß man das Papier knittern
hört, und sich daran besänftigt), ein Extempore (der eingebildete
Kranke geht im dritten Akt noch ein zweites, vom Dichter nicht vor-
geschriebenes Mal nach der Richtung, wo der Ort der Notdurft angenommen wird, bleibt aber auf halbem Wege stehen und impro-
visiert mit einer Geste der Vergeblichkeit: „Wozu!"), endlich die
Pause und die Dehnungen, die ja Abend für Abend angewandt werden. Als Schröder in Wien gastierte, wo sein Schüler Brockmann
besonders als Lear für unerreichbar galt, warnte man ihn geradezu
davor, eine erfolgreiche Nüance Brockmanns, die ursprünglich
vielleicht Schröders eigener Einfall gewesen war, beizubehalten. Der
wahnwitzige König hat zu sagen: „Ich will dir predigen!" Dabei
war nun Brockmann auf einen Baumstumpf gestiegen, als fühle er
sich auf der Kanzel. Schröder hatte etwas in der Hinterhand. Das
Publikum war aufs höchste gespannt, als die Stelle kam. Da versucht Schröder auf den Stumpf zu steigen, ist aber zu schwach, zu
greisenhaft unbeholfen, gleitet ab und bleibt unten: Rauschender
Beifall!

Drei Orientierungsfragen. Weil jeder Schritt auf der Bühne
Bedeutung haben muß, hat man ganz besonders auf den ersten und
letzten zu achten, auf Auftritt und Abgang. Kleinere Rollen, die
sich in Worten nicht recht ausbreiten können, brauchen dafür wie
für ihre Maske Eindrucksverstärker, die in einem Augenblick geben,
wofür die größere Rolle ganze Viertelstunden hat. Da aber auch
das, was zwischen Auftritt und Abgang spielt, in seinem wesent-
lichen Inhalte durchaus nicht immer klar zutage liegt, so machen
sich für jede neue Szene drei Fragen nötig: „Wo komm ich her?
Was will ich hier? Wo geh ich hin?" Das sieht nun einfacher
aus als es ist. Das Woher geht dabei wie das Wohin nicht aufs
Räumliche allein, sondern ebenso aufs Zeitliche und aufs Seelische.
Und indem man die Antwort sucht, ist man gezwungen, nicht
nur das Stück des Dichters nach Aufklärungen zu durchforschen,
sondern auch die eigene Phantasie zu Hilfe zu rufen. Wo der Dichter

darüber nichts aussagt oder andeutet, nimmt man selbständig eine
Tages= oder Jahreszeit an, eine Stimmung von symbolischer Kraft,
die Auftritt oder Abgang lebendig machen; sie dürfen nur nicht
dem Dichter widersprechen. In „Kabale und Liebe“ wird eine
Schlittenfahrt erwähnt: so müßte — es geschieht nur höchst selten
— jeder Darsteller, der von der Straße kommt, etwas vom kalten
Winter spüren lassen. Anderseits kann man es zwar historisch be=
gründen, daß „Wallenstein“ und also auch das Vorspiel im Winter
spiele, aber wenn der Dichter das gewünscht hätte, wäre in das
„Lager“ wohl auch ein winterlicher Vers gekommen. Ein paar
Beispiele zu „Woher“? Raoul („Jungfrau von Orleans“) ist aus
dem siegreichen Kampfe hergaloppiert, um dem Dauphin die be=
glückende Kunde zu bringen; vielleicht ohne Kopfbedeckung, be=
staubt, erschöpft; er beginnt also von Atemlosigkeit — wenigstens
drei Zeilen lang — gehemmt zu sprechen, wird immer freier und ist
verzückt, wo er die wunderbare Erscheinung der Johanna schildert.
— Karl („Maria Magdalene“) hat eine erniedrigende unverdiente
Haft hinter sich, die seine Stellung zu Vater und Welt stark beein=
flußt hat; er will erst noch schnell den Gerichtsdiener umbringen
und dann zur See gehen. Der Schmerz über den schnellen Tod der
Mutter klingt auch durch. — Tesman („Hedda Gabler“) hat, wenn
er im dritten Akt erscheint, ein etwas böses Gewissen wegen der
ausgiebigen Bummelei; ist übernächtig, wohl auch im Anzug etwas
ramponiert. — Edrita („Weh dem, der lügt“) im vierten Akt sehr
erhitzt und auch vom Regen durchnäßt, kann, weil sie so arg ge=
laufen ist, kaum sprechen; dennoch im Innersten beglückt über
Leons Anblick. — Iphigeniens erstes Erscheinen äußerlich bestimmt
durch die bedrückende Luft des alten Tempels, innerlich durch ihre
grenzenlose Einsamkeit. Sie will hier draußen einen frischen Atem=
zug tun — umsonst; auch hier, unter den allzu dicht verwachsenen
Bäumen kein Sonnenstrahl! „Heraus in eure Schatten“ ist kein
pathetischer bewundernder Anruf, sondern gleich dieser erste Vers
untersteht in der Stimmung dem vierten: „mit schauderndem Ge=
fühl“. — Die Abgänge sind durchschnittlich klarer vorgezeichnet,
eben weil die Bühne selbst die Vorbereitung übernimmt. Aber auch
hier kann die Rücksicht auf Wetter und Tageszeit (Anzug, Lampe)
hübsche Einzelheiten ermöglichen; können Schritt, Geste, Gesichts=
ausdruck das Gewesene zusammenfassen, das Zukünftige andeuten.

Brackenburgs Abgang im ersten Akt — er will sich vergiften —
kann sehr wohl durchblicken lassen, daß er den Vorsatz nicht aus=
führt; ganz im Gegensatz zum Homburg, der des festen Glaubens
ist erschossen zu werden und aufrecht den Todesweg betritt (5. Akt,
8. Szene), während der zurückbleibende Kurfürst schon die Begna=
digung verfügt. — Rhodope („Gyges und sein Ring") am Schluß
des vierten Aktes; in ihrer Haltung und ihren Zügen muß die
Katastrophe der letzten Szene des fünften Aktes ausgeprägt sein,
wenn sie zur Lesbia sagt: „Nun Brautgewand und Totenhemd
herbei". — Wesentlich verwickelter kann die Antwort auf die Mittel=
frage ausfallen: „Was will ich hier?" Denn der dichterische Cha=
rakter hat oft nicht nur sein Eigenleben, er hat noch ein zweites,
das dem Stück gehört. Da muß der Schauspieler also mit Doppel=
griffen spielen. In Ibsens „Frau vom Meere" tritt Lyngstrand
im ersten Akt mit Blumen auf, die für Ellidas vermeintliches Ge=
burtsfest bestimmt sind und mit denen sich der junge Mann eine
Einladung erwirken will. Das will e r; aber der D i ch t e r benutzt
ihn zu weit Wichtigerem: er soll ganz ahnungslos Ellidas früheren
Verlobten, den „Fremden Mann" erzählend einführen. Der Dar=
steller muß nun wissen, nicht nur was er s e l b st auf der Szene
will, sondern auch was er vom D i ch t e r aus soll. Eine beson=
dere Aufgabe ist es dabei, daß er die Schwerpunkte seiner Erzäh=
lung zwar nach der Absicht des Dichters verteilt, daß es aber
trotzdem fürs Publikum scheinen muß, als wisse er von dieser
Absicht nichts.

Rollenbild der zweiten Stufe. Wie ein Rollenheft nach dem
zweiten Stadium der Aneignung aussehen kann, sei an Carl Seydel=
manns Franz Moor bruchstückweise gezeigt. Er legte sich ein eigenes
Lernmaterial an und trug seine Einfälle, die Früchte bewunderns=
werten Fleißes, ein:

Franz, Graf von Moor.

Doch ich, zu Possenspielen nicht gemacht, noch um zu buhlen mit ver-
liebten Spiegeln,
Von der Natur um Bildung falsch betrogen, entstellt, verwahrlost, vor
der Zeit gesandt
In diese Welt des Atmens, halb kaum fertig gemacht, und zwar so lahm
und ungeziemend,
Daß Hunde bellen, hink' ich wo vorbei; ich nun in dieser schlaffen
Friedenszeit

Weiß keine Lust, die Zeit mir zu vertreiben, als meinen Schatten in
der Sonne spähn
Und meine eigne Mißgestalt erörtern. Und darum, weil ich nicht als
ein Verliebter
Kann kürzen diese fein beredten Tage, bin ich gewillt — ein Bösewicht
zu werden,
Und feind den eitlen Freuden dieser Tage. — Kann ich doch lächeln und
im Lächeln morden,
Und rufen schön zu dem, was tief mich kränkt; die Wangen netzen mit
erborgten Tränen
Und mein Gesicht zu jedem Anlaß passen.

Richard III.

Erster Aufzug.

Szene 1.

Frauten.

Saal im Moorischen Schloß.

Franz und der alte Moor.

(*Franz Moor: der liebevollste Sohn vor seinem Vater* —) Aber ist
Euch auch wohl, Vater? — Ihr seht so blaß — (*gar lieb und bekümmert*).
Ganz wohl, mein Sohn, — was hattest du mir zu sagen?

(*mit liebevollem scheuem Zurückhalten, sehr schwer*) Die Post ist angekommen — ein Brief von unserm Korrespondenten — in Leipzig —
(*begierig*) Nachrichten von meinem Sohne Karl?

Hm! Hm! — So ist es. (*als ob er sich in tiefen Kummer und Schmerz
verlöre, aus dem er dann plötzlich, mit lautem, schwerem Tone er-
wacht*) — — Aber ich fürchte — — ich weiß nicht — (*folterndes
Aufhalten*) — — ob ich — (*kindlich*) Euerer Gesundheit —? (*nach
kurzer Stille mit dem liebevollsten kindlichst besorgten Tone auf ihn
zutretend — und ihn umfassend*) Ist Euch wirklich ganz wohl, mein
Vater?

Wie dem Fisch im Wasser! Von meinem Sohne schreibt er? —
wie kommst du zu dieser Besorgnis? Du hast mich zweimal gefragt.

(*hat vor ihm kniend und ihn mit den Armen umschlungen haltend,
den Kopf auf des Vaters Schoß und spricht das Folgende in dieser
Lage. Die Deutlichkeit in acht nehmend*) — Wenn Ihr krank seid —
nur die leiseste Ahnung habt, es zu werden — — —

Und so weiter durch die ganze Rolle. Vergleicht man dies Stück
mit dem auf Seite 52/53, das genau den gleichen dichterischen
Text umfaßt, so findet man, von den Richtzeilen aus Shakespeares
Richard III. noch abgesehen, den doppelten Zeilenumfang. Nicht
nur, daß der Künstler die Stichworte weiter ausdehnt, um sich
mit dem stummen Spiel besser einrichten zu können, er unterbricht

6*

auch fort und fort die eigne Rede mit plastischen Erläuterungen und sogar dem Mitspieler trägt er Wünsche vor („begierig").

Dritte Stufe: Das Aufbauen. Auch das Zusammenschließen aller auf der zweiten Schaffensstufe gefundenen Einzelheiten kann noch ein häuslicher Akt sein; aber ganz fertig wird die schauspielerische Schöpfung nur durch die Proben (manchmal sogar viel später), weil Mitspieler und Umwelt keineswegs nur parallel wirkende Kräfte sind, sondern sich nahezu chemisch=fest untereinander verbinden müssen. Wer mit ihnen keine Einheit wird, mit ihnen nicht auch einmal Kompromisse schließt — der Virtuos oder der Talentlose — verwirkt das Recht, als Interpret des Dichters zu gelten. Die meisten Schauspieler bringen jedoch die Geduld nicht auf, daheim mehr zu tun als gerade für die Proben nötig ist, so daß für sie die zweite und dritte Stufe auf der Bühne selbst liegen. Und das kann zu durchaus guten Ergebnissen führen, wenn ein ausgezeichneter Spielleiter und recht viele Vormittage zur Verfügung stehen.

Nach der Analyse also, wo auch immer, die Synthese! Ein zweiter Rausch nach der Zwischenzeit der kühlen Verstandestätigkeit; nicht mehr dumpf wie der erste des bloßen Ertastens, sondern frei über das ganze Darstellungsgebiet herrschend. Was im Zustande der Reflexion noch nicht Figur — in Dürers Sinne — geworden, das legt sich nun wie Lebensringe um den Stamm, der erst nur Grund= ton, Haltung hieß; und Äste, Zweige, Blätter, Blüten, Früchte wachsen daran. Geile Schößlinge fallen ab. Schleppt der Schau= spieler aus Eitelkeit und Schwäche jeden flackernden Einfall, der ihm gekommen ist, weiter mit sich, so erreicht er nicht die Totalität des Eindrucks, die von kunstwegen nötig ist. Das wird dann Schaum oder Bodensatz in dem Tranke, den er darbietet; wie beim Maler der sich vordrängende „Akt" — ein Zeichen guten Sehens, der sicheren Hand, großen Fleißes — oft wie ein Krebs am Körper des Kunst= werks frißt.

Die Probe. Die Probe selbst ist nicht allen gleich lieb. Wer nicht vorgearbeitet hat, fühlt sich durch die Hilfen des Spielleiters be= reichert, gefördert; der andere aber fürs erste gelähmt, gehemmt. Gegenwirkungen ringsum. Der Schauplatz von anderen Maßen als in der Phantasie — Gretchens Theaterkerker zu weitläufig, Lears Heide zu eng —; wo man Tageshelle angenommen hat, soll

auf Wunsch des Spielleiters Nacht sein — so leidet eine ausgedachte
stumme Szene unter zu geringer Beleuchtung; die Entfernung
vom Publikum durch eine Gruppierung von Versatzstücken zu weit,
als daß man so leise sein dürfte, wie man möchte. Und das Zu-
einanderspiel! Die anderen wollen sich breiter entfalten, als man
erwartet hat und als man für richtig hält; hier ist ein Gegenüber,
das nicht zuhören kann, nicht mitfühlt, nicht auf den Ton eingeht,
sondern immer außerhalb des Stückes steht; wie legt man jemand
die Hand auf die Schulter, der fünf Schritte entfernt bleibt und
diese Distanz in seiner Weise begründet! (Es gibt so törichte Ver-
stocktheiten, daß jede Aufklärung scheitert.) Was nützt dem Carlos
der feinste Aufbau der Kartäuserszene, aus zarten Tönen der
Scham und Hingebung gemischt, wenn sein Posa die letzte Zeile:
„So nehmen sie (die Briefe) den Umweg über Deutschland", statt
sie leicht hinzuwerfen, als politische Sympathiekundgebung des
Spaniers für das Deutsche Reich mit höchster Heldenkraft ins
Logenhaus brüllt? Man denke sich in die Seele des Geßlerdarstel-
lers, wenn sein Tell mit den Worten: „Und Eurer wahrlich hätt'
ich nicht gefehlt!" von ihm weg aus Orchester stürzt, begeistert zur
Galerie aufblickt und damit richtig ein Dutzend Hände in klatschende
Bewegung setzt!

Und doch! Die stärkste und eigenwilligste schauspielerische Persönlichkeit muß zugestehen, daß sie Spielleiter, Mitspieler und Umwelt nicht nur braucht, sondern dieser Dreiheit bedeutsame Förde-
rung verdankt. Mit den vielen Hemmungen findet sich gerade
der Höchstbegabte nach einigen Gegenversuchen ab — wo in der
Welt Menschen mit Menschen und Dingen zusammenstoßen, gibt's
Beulen, und wo sie miteinander leben wollen, müssen sie in ihren
Ansprüchen nachlassen — und nützt wenigstens das aus, was Nutz-
wert hat. Erst die Kontrastierung Gottvaters und Adams
(bei der Lebensübertragung) in Michelangelos Deckenstück setzt sie
in ein Verhältnis, das in künstlerischer Hinsicht für Gottvater wie
für Adam schöpferisch ist. Die Einzelfigur behielte sonst etwas vom
„Akt" und der „Bewegungsstudie". Das eine holt aus dem andern
auch auf der Bühne Kräfte ans Licht, die daheim verborgen bleiben
mußten; denn der Schauspieler ist nicht nur für seine Rolle da,
sondern auch als Baustein für das Stück und als Spiegel für die
Mitbauenden. Eine wahrhaft gut und gediegen aufgebaute Auffüh-

rung aber stellt erst die Steine an ihren richtigen Platz, und nirgends als so kann auch die führende Rolle zur gebührenden Geltung kommen. Daß sie dabei ein wenig im Zaume gehalten wird,
daß sie wie auch die Nebenrolle sich nicht selbstherrlich entfalten darf,
ist für manche Darsteller leider die ärgerlichste Hemmung.

Die Generalprobe. So reist die schauspielerische Leistung gleichzeitig mit der des Spielleiters durch Arrangier= und Theaterproben
allmählich der Generalprobe entgegen. Zwischen Starrheit und
Zurwehrsetzen, zwischen Vorschlag und Kompromiß schwankt die
Arbeit hin und her. Es „bleibt ein Erdenrest zu tragen peinlich"
im scheinbar vollkommensten Kunstwerk. Aber auch die Entsagung
wird innerlich überwunden; man vergißt, was alles hätte anders,
besser sein können, und gibt sich endlich der Gestalt und dem Werke
zugleich hin wie einem Traum, aus dem kein Entrinnen ist. Kein
Gedanke mehr an die Wortfolgen im Texte (der sitzt eben!), an die
Gänge, Gesten, Pausen; aber gerade darum sind nun alle hypnotisch verfeinerten Schaffenselemente zusammengeballt und der Herrschaft des inneren Auges und Ohres unterworfen. Da beginnt
manchmal noch ein letztes Wachstum, das fast göttlich genannt werden darf: reine Offenbarung, die mit Reflexion ganz und gar
nichts mehr zu tun hat; dämonischer Tiefblick, ein Schuppen=von=
den=Augen=fallen — den Künstler in Gefilde entführend, die seiner
Alltagsphantasie fremd geblieben sind und ihm im wahrsten Sinne
zu Gefilden der Seligen werden. Das Bereitschaftsgefühl vor dem
Aufgehen des Vorhangs (es braucht keine Premiere zu sein, die
sogar im Durchschnitt mehr auf zappelnden Nerven als auf quel-
lendem Blute steht), dies bis zum Zerspringen Angefülltsein mit
schöpferischem Explosivstoff, das sich in jähem Wechsel zwischen
Fiebern und Frösteln, zwischen Machtempfinden und Schwäche
äußert, ist für den Schauspieler das entscheidende Glockenzeichen.
Alle Möglichkeiten einer restlosen Auswirkung zur Hand, der wohl-
geprobten Einzelheiten sicher, überläßt er sich der Gnade und schafft
mit dem ersten Tone, der ersten Pause die Luft eines Jahrhunderts
und gewaltiger Schicksale. Alles Berechnete aufgelöst in Form, der
keine Zahl mehr anzuhaften scheint; die technischen Mittel in all-
mählicher Steigerung bis nahe an die Grenze hinangeführt und nie
darüber hinaus, so daß selbst die höchsten Punkte nur ein Vor-
letztes an Kraft zeigen, um den Zuschauer niemals auf die physische

Mühe des Schauspielers abzulenken. Besonnener Rausch, denkende Leidenschaft, Unbefangenheit des Wissens! Er verrät im zweiten Akt nicht schon den fünften und zielt doch auf ihn; er ist klüger als die Klügsten im Publikum und erscheint immer unklüger.

Die Maske. Die äußere Erscheinung der Rolle tritt erst auf der Generalprobe hervor, kann aber viel früher festgelegt werden; ja, sie ist manchmal eher da als alles andere. Beim Lesen sieht der Schauspieler plötzlich das Gesicht eines guten Bekannten hinter den Worten auftauchen und kommt nicht wieder davon los; oder irgendein Gemälde, ein Holzschnitt, eine Radierung verschmilzt unwillkürlich mit der dichterischen Vorlage, und es ist, als stünden dann beide Schöpfungen im Zusammenhange. Handelt es sich um allgemein bekannte historische Persönlichkeiten, so schließt sich der Darsteller gern an die Wirklichkeit an.

Unter Maske versteht das Theater bald nur den Kopf, bald auch das Kostüm, die Art der Haltung und der Bewegung. Man dürfte sogar die Tongebung miteinbeziehen, die besonders bei chargierten Aufgaben sehr mannigfaltig sein soll. Der Wert einer guten Maske wird sicher schon so lange geschätzt, wie die Schauspielerei alt ist. Noch ehe der Darsteller ein Wort spricht, deutet er durch sie sein Wesen an. Sie weist voraus, wirkt perspektivisch. Der beliebte Komiker, der ohne viel Schminke und falsches Haar arbeitet und immer sich selbst zum besten gibt, braucht nur seinen Straßenkopf zur Kulisse herauszustecken, um Lachstürme zu wecken. Sein Alltagsgesicht ist zur Maske geworden. Ein anderer muß stundenlang in der Garderobe sitzen und mit Wattewülsten, Nasenkitt, Fettstangen und bunten Stiften, mit Perücke und Bart hantieren, ehe er so weit ist, daß die Zuschauer in ihm eine komische Figur begrüßen. An kleinen und mittleren Bühnen engen den Schauspieler hierin die Mängel des direktorialen Kostümbestandes und die geringe Mannigfaltigkeit der erreichbaren Perücken ein. Das einzige, was ihm im vollen Umfange zur Verfügung steht, ist der Schminkapparat, den er selber zusammenstellt und etwa in einer Zigarrenschachtel mit sich führt. Er nützt ihn weidlich aus, und wir können dann oft sehen, wie ein vortrefflich hergerichtetes Gesicht durch einen gräßlich verfilzten unnatürlichen Haarschopf, einen fußsackähnlichen Wollbart und ein ganz und gar unmögliches Kostüm an Wahrscheinlichkeit verliert. Ich selbst hatte die Ehre,

einem Theater anzugehören, das zwar die Pflicht empfand, klassische
Stücke aufzuführen, aber uns samt und sonders in schwarze Kutten
aus Futterstoff begrub, die vom Halse bis zu den Fußspitzen reichten
und jede Variante unmöglich machten. Und nicht viel besser sah es
mit dem Bestande an Perücken und Bärten aus. Aber auch im
vornehmsten Bühnenrahmen begegnen wir Schauspielern, bei denen
der hergerichtete Kopf zwar sehr lebendig wirkt, aber nur in der
Garderobe standhält; jeder Schritt, jeder Ton des Trägers, jede
Muskelbewegung im Gesicht widersprechen ihm, sobald die Handlung beginnt.

Die Phantasie, die ihre Auswüchse immer wieder an der Natur
korrigiert, ist die Mutter der Maskenkunst. Gestalten wie Caliban
und Nickelmann, die nirgends auf Erden vorgebildet sind, müssen
dennoch mit soviel Möglichkeit umkleidet sein, daß der normale
Zuschauer an ihre Existenz glaubt wie an einen Zentaur. Solche
Publikumsforderungen sind es weiter, wenn es den Väterspieler
lieber grau und weiß als blond, braun oder schwarz sehen will:
das Typische spielt hier wieder herein. Auch die Diener tun gut,
sich nicht zu stark in der Maske zu individualisieren, da sie sonst
aus einer Gesellschaft, wo sie servieren, schwerer herauszukennen
sind. Eine Abart von heutiger Mode greift sogar auf die Barttracht
der Vergangenheit hinüber: es ist auffällig, wie viele ältere Stücke
jetzt durchweg bartlos gespielt werden, nur weil u n s e r e Zeit wenig
Vollbärte trägt, weil die Fläche des Gesichts dann größer bleibt
und weil's bequemer ist. Faust, den Goethe versgemäß mit einem
„langen Barte" geschmückt hat, sieht heute an den meisten Theatern wie der auf der einen Rembrandtschen Radierung aus. Auch
Hamlet ist vom Dichter bärtig gedacht und erscheint seit Menschengedenken rasiert, weil wir das ganze Werk nicht mehr wie zu
Shakespeares Tagen in elisabethanischer Tracht geben.

So eifrig der Schauspieler die Dichtung nach Stellen durchsuchen
soll, die von der äußeren Erscheinung der Gestalten sprechen, so
frei darf er dennoch schalten, wo diese Forderungen ihn lähmen.
Wer wird heute den Franz Moor und den Wurm in all der Scheuß-
lichkeit herausstellen, die Schiller ihnen als Steckbrief mit auf
den Weg gegeben hat! Es kommt auch vor, daß der Dichter einen
als lang und hager beschreibt, für den die Bühne, die das Stück
einübt, gerade nur einen untersetzten rundlichen Künstler einsetzen

kann. Was erreicht nun der kleine, dicke Mime, wenn er sich den
Leib fest einschnürt und 15=Zentimeter=hohe Absätze an die Schuhe
nagelt? Anstatt dem Urbilde nahezukommen, gibt er eine erlogene
Figur ab, die komisch und gezwungen wirkt, wo man sie tragisch
und selbstverständlich nehmen soll. Fontane macht sich in seinen
kritischen Causerien über eine Jungfrau von Orleans lustig, die,
um größer zu erscheinen, sich Stöckelschuhe angezogen hatte: zwischen
Sohle und Absatz sah er einen „Berliner Stadtbahnbogen" gewölbt.
Und niemand nimmt es ja übel, wenn ein guter Darsteller des
Mephistopheles beleibter ist als ein „Besenstiel", also in gewissem
Sinne gegen Goethes Charakteristik verstößt. Viele unserer bedeutendsten Individualitäten bedenken denn auch die Masken erst
in zweiter und dritter Linie. Sie wissen, daß sie der Wirkung
sicher sind, wenn sie nur sich selbst spielen, und tun auch wirklich
ganz gut, sich wenig zu entstellen. Dick aufgelegte Schminke, dichte
Bärte, breite Falten nehmen ihren sprechenden Gesichtern leicht
den schönsten Zauber.

Die anderen aber, die Proteusnaturen, suchen die Welt ab nach
einem geeigneten Kopfe, solange sie memorieren und probieren.
Und oft gelangen sie erst dann zur kecken Sprech= und Ton-
charakteristik, wenn sie den Menschen, den sie darstellen sollen,
leibhaftig erfaßt haben, wenn sie über sein Gesicht und sein
Kostüm klar sind. Das wickelt sich nicht immer geschwind ab.
Nach der ersten Lektüre der Rolle steht nicht viel mehr als ein
Schemen vor ihnen, der kaum einen Kopf hat, selten Beine. Bei
jedem neuen Durchlesen fügt sich nun Zug für Zug hinzu; aus dem
nebelhaften Grau ringen sich bunte Farben los, und das Letzte,
Ausschlaggebende tut dann vielleicht ein Spaziergang, auf dem sie
einem wirklichen Menschen in die Arme laufen, der ihrem Phantasie-
bilde entspricht. Und es ist das beste Lob, das man als Darsteller
auf der Generalprobe ernten kann: „Sie sehen gerade aus wie der
und der".

Die Brauen werden prägnanter eingezeichnet, als sie es im
Leben sind; das Auge gewinnt durch dunkle Umrandung an Leucht-
kraft. Die Falte darf nicht an einer Stelle sitzen, wo unser eigenes
Gesicht keine andeutet; sonst tritt die Lüge unangenehm zutage,
wenn wir auf der Bühne lachen oder Schmerz äußern. Es stehen
dann dunkle Striche n e b e n den wirklichen Vertiefungen des Flei-

sches. Was läßt sich nicht alles mit einer Nase anfangen, die von
Natur nicht allzu groß und allzu gebogen ist: durch Auflegen von
Kitt und durch Behandlung mit mehrerlei Schminktönen und Blei-
stiftstrichen kann die naivste Regennase zur gewaltigen Habsburger
werden. Die Stirn führt der geschickte Maskenmacher von cali-
banischer Niedrigkeit zu goethischer Höhe und darüber hinaus zur
leuchtenden Glatze Jean Pauls. Schläfen, Wangen und Hals fallen ein, wenn wir sie mit grauen Schatten bemalen, und sie treten besonders stark hervor durch helle Farben. Auch bei Toten-
schädeln, Höckern, Stelz- und Klumpfüßen dürfen wir die Anatomie
der Wirklichkeit nicht umgehen. Die Form des Kopfes, der Um-
fang des Halses lassen sich durch Wülste von Watte unter der
Perücke und durch einen geschminkten Halsring glaubhaft verändern.

Was der Schauspielerberuf „Charge" nennt (Spiegelberg in den
„Räubern"), das erlaubt und verlangt schärfere Konturen; auch
die Episode (Riccaut in „Minna von Barnhelm") darf ein bißchen auftragen, weil derlei Rollen in nur kurzen Szenen, oft in
einer einzigen, sich exponieren und entwickeln und gleich für immer
verschwinden, also im Husch geboren werden, leben und sterben.
Breit ausgeführte Charaktere aber vertragen es nicht, mit kleinen
Zügen belastet zu werden, sonst gerät die große Linie des Stückes
ins Zittern. Der Schauspieler muß also für die skizzenhafte Rolle
mehr tun als für die abgerundete. Den Ton zu verschrauben, zur
Fistelstimme oder zum gurgelnden Klange, ganz bestimmte Arm-
und Beinbewegungen anzunehmen, hilft der einen und schadet der
andern. Nicht nur die ruhig auf und ab wogende Linie des Stückes
fordert für die Hauptcharaktere solche Zurückhaltung, auch die natürlich beschränkte schauspielerische Technik. Umfangreiche Aufgaben
schließen fast immer Ausbrüche der Leidenschaft ein; und während
solcher Ausbrüche verliert jeder Schauspieler die Beherrschung aller
angelernten fremden Töne und Bewegungen. Er ist da nur er
selbst, der aufgeregte Mensch! Seine Rolle bekäme einen Riß, wenn
der Mensch der aufgeregten Szenen sich wesentlich unterschiede von
dem Charakter der ruhigen.

Ganz allgemein ist die Tendenz zu spüren, den eigenen Men-
schen im Schauspieler zu betonen und die Maskenkunst in den
Hintergrund zu drängen. Das hat seinen besonderen Segen für die
Heuchelei auf der Bühne, die hier und da noch immer mit zu groben

Mitteln arbeitet. Man macht es den Zuschauern gar zu bequem, eine Intrigue zu durchschauen, indem man einen gewiegten Diplo= maten, eine Gesellschaftsdame schon in der Maske als gewerbs= mäßige Giftmischer zeichnet, die sich so, wie sie aussehen und sprechen, keine halbe Stunde in einem Salon aufhalten dürften. Wenn nun gar ein wirklicher Böswicht wie Richard III. es vor seiner Schandtat klar und deutlich ausgesprochen hat, daß er zum Schlimmsten bereit sei, darf er dann nicht so geschickt und unmerk= bar heucheln wie ein Handlungskommis, der eine Ausrede für sein Zuspätkommen aussagt? Wie dämonisch wirkt die Werbung um Anna an der Leiche ihres Vaters, wenn Gloster sich seinem Teufels= werke ganz hingibt und nicht nur Anna, sondern auch die Zuschauer mit hineinreißt — Shakespeare hat ihm auch keinen Beiseitevers gegeben —; und wie läppisch dagegen, wo er selbst die Sache nicht ernst nimmt und immer in Ton und Blick zu sagen scheint: „Ich meine es gar nicht so!" Auch der Jubel über das gelungene Wage= stück: „Ward je in dieser Laun' ein Weib gefreit!" kann um so toller sein, je echter die vorhergehende Bemühung gewesen ist.

Die Stilisierung. Über die Geheimnisse des Stilisierens kommt der Schauspieler leichter weg als die Ästhetiker. So wie er Takt und Rhythmus erfühlt, so auch das Verhältnis von Text und Natur. Stilisieren ist Weglassen und Verstärken und zeigt sich rein äußerlich darin, daß von der nüchternen Notdurft des Lebens nicht viel geredet und gehandelt wird. Aber auch „Fuhrmann Hen= schel" hat seinen Stil; der Dichter trägt hier nicht alles zuhauf, was er über seinen Vorwurf weiß und was ihm darüber einfällt, sondern wägt höchst besonnen ab: läßt weg und verstärkt wie Goethe im „Tasso", nur auf anderer Lebensebene. In seine bringt noch von der ganz nahen Erde der Dunst des Wirtshauses, der Waschküche so merklich hinein, daß er zur Atmosphäre wird, wäh= rend Tassos Unordentlichkeit und kurbedürftiges Blut, gewiß auch realistische Details, nur wie ein flüchtiger Seitenblick wirken sollen, der vom geistigeren Ziele nicht ablenkt. So nun wie man in der guten Gesellschaft durch Geschmack und Takt alle groben Unzuträg= lichkeiten, Beleidigungen, Handgreiflichkeiten zu umgehen weiß, so führen auch Geschmack und Takt den Schauspieler an den Dar= stellungsklippen vorbei: dort an der platten Natur, hier an der unlebendigen Verstiegenheit; und sie korrigieren sogar sehr oft den

Dichter, wo ihn selbst die Sicherheit des Stilisierens verlassen hat.
Nicht jeder Dichter hat übrigens seinen lebenslang festgelegten
Stil („Göß" und „Die natürliche Tochter" liegen in recht verschie=
denen Höhen), ja nicht einmal innerhalb des Stückes ist immer
Einheit (Shakespeare verwandte gern, um das auszudrücken, Prosa
und Vers gegeneinander), aber man sehe sich gute Schauspieler an,
wie sie fast schlafwandlerisch Ton und Gebärde sicher und einheit=
lich treffen. Wenn Bernhard Baumeister als Falstaff seine er=
logene Heldentat anpries, indem er den von Heinz erschlagenen
Percy an den Beinen hochhob und hinwarf, griff er sogar mitten
im Stilstück zum Jargon: „Da habbt'r d'n Percy". Das wider=
sprach nur in der Theorie dem Stilgefühl; in der Praxis war es
ein Lebenszuwachs an gleichgültiger Frechheit.

Rollenanalysen? Wie eine Rolle vor der Aneignung aussieht
und welche Ausgestaltung ihr ein besonders sorgsamer Darsteller
wie Seydelmann während des Schaffens gibt, ist bruchstückweise am
Franz Moor gezeigt worden. Den Eindruck der fertigen Bühnen=
leistung wiederzugeben, würde großen Raum erfordern. Seit Lich=
tenbergs und Schinks Tagen hat die Liebe zum Theater und zu
ihren Künstlern freilich sehr oft die Vergänglichkeit des schauspiele=
rischen Werkes Lügen strafen wollen; man ist Garricks, Brock=
manns, Schröders, Ifflands, Seydelmanns, Kainzens Schöpfun=
gen bis in die Bewegungen des letzten Fingergliedes nachgegangen,
aber wie oft auch der Berichterstatter Zeuge gewesen sein mag,
er hat sich in den Motiven oftmals versehen. Ehe das Shake=
speare=Jahrbuch eine Folge neuer Analysen eröffnete, teilte der eine
Herausgeber eine Erfahrung mit, die nur zu wörtlich die oft
erschütterte Vergänglichkeit der Schauspielkunst von neuem erwies.
„Ich verabredete einmal mit meinen Seminaristen", schreibt Alois
Brandl dort, „daß sie bei einer bevorstehenden Hamletaufführung
von Kainz feststellen sollten, 1. was er bei der ersten Erscheinung
des Geistes tat, 2. wie er den Monolog „Sein oder Nichtsein" be=
gann, 3. wie er den Rappierwechsel in der Fechtszene vornahm.
Die Stellen wurden gelesen, die Stichworte markiert, das Ver=
halten verschiedener Schauspieler besprochen, die jungen Leute schie=
nen wohl vorbereitet. Und das Ergebnis? Fast keiner hatte etwas
zu beobachten vermocht. Sie sagten, es sei alles so rasch gegangen;
bevor sie recht beobachten konnten, sei die Situation schon vorbei

gewesen." — Die Seminaristen waren „grundehrlich" wie der Geist
von Hamlets Vater und weniger phantasievoll als mancher Rollen=
analytiker vor und nach ihnen. Nur wer mit einem Schauspieler
geprobt und oft gespielt hat, kann, wenn er nebenbei ein guter Be=
obachter ist, derlei Fragen und ähnliches glaubwürdig beantworten.[1]

Die Begabung.

Erste und „übrige" Kräfte. Ein großer Teil des Publikums hält,
da er den Darsteller von der Rolle nicht zu trennen vermag, ohne
weiteres Begabung und Beschäftigung für gleichwertig. Der Lieb=
haber, bald der jugendliche, bald der „erste", weiter die Sentimen=
tale, die Muntere, die beiden Komiker genießen in vollen Zügen seine
Zuneigung. Die Heroine mit den strengeren Zügen und der seltene=
ren Tätigkeit, der Charakterspieler mit seiner abscheulichen Gepflo=
genheit, Menschen zu peinigen und umzubringen, haben's viel schwe=
rer. Bei dieser Einschätzung ist selbstverständlich, daß nur die
umfangreichen Rollen für voll genommen werden, daß man
zwar die Existenz der zweiten und „übrigen" Schauspieler dun=
kel ahnt, aber die zweiten und übrigen nicht kennt und kennen
mag, auch ihre Bilder nicht erwirbt. Dem Schauspieler ist es
darum nicht zu verdenken, wenn auch er nach der dicken Rolle
geizt. Zudem erhöht sich im allgemeinen auch seine Gage mit
der Zunahme der Worte, die er auf der Bühne zu sprechen hat.
Und doch vergällt er sich, wenn er nun einmal nicht für das
erste Fach die äußeren Mittel hat, durch diesen falschen Ehrgeiz
sein ganzes Leben und seine reinsten Erfolge. An der Burg in
Wien, wo bis vor zwei Jahrzehnten die Besoldungsunterschiede
nicht bedeutend waren und wo das Publikum sich zum Theater wie
zu einem höheren Familienkreis hingezogen fühlte, nahm man an
der Besetzung auch der Nebenrollen mit Leidenschaft teil. Und so
sind dort Namen von Schauspielern wenigstens auf die nächste
Generation gekommen, die in Norddeutschland kaum der Mitwelt
aufgefallen wären.

---

[1] Einige gelungene Versuche in den Shakespeare=Jahrbüchern 1904 ff.
und in Monty Jacobs, Deutsche Schauspielkunst (Insel=Verlag). Kainzens
Romeo analysiert in meinem „Kainz" (Schuster & Loeffler.)

Konversations- und Stilschauspieler. Aus Bequemlichkeit trennt man im Theatergeschäftsverkehr (besonders im Liebhaberfache) die Konversations- von den Stilschauspielern; man berührt aber damit nur einen Grad-, nicht einen Artunterschied. Das deutlichste Beispiel für den Konversationsschauspieler ist der Bonvivant (auch die Salondame gehört in die Nähe), dessen Rollenkreis den Egmont, Benedict, die der Temperamentsart nach ihm auch zugehörten, ausschließen muß. Er ist zu ärmlich im Ausdruck: die Geste ist klein und konventionell, der Ton knarrt oder hat keine ausreichende Skala, das rhythmische Gefühl ist ihm versagt, so daß er den Vers nicht beherrscht (und als etwas „Unnatürliches" verspottet), — aber sein Schwerenötertum, das sich im leichten Lustspiel am besten entfaltet, sichert ihm die Liebe der meisten Theatergänger. Nicht seine geringsten Vorzüge liegen auf dem Gebiete der Mode: Sport- und Jagdanzüge, Frack und Cutaway, kostbare Wäsche, reichhaltiger Handschuh-, Hut- und Krawattenbestand sind mit seinem Talente verwachsen; eines könnte ohne das andere nicht bestehen. Jeder Stilschauspieler von mittleren und großen Maßen hat das Konversationsstück mitbeherrscht (man erinnere sich an Sonnenthals Lear und Hüttenbesitzer, an Kainzens Hamlet und Fritzchen), während der Konversationsschauspieler durchschnittlicher Güte schon am Mercutio, ja am Bolz scheitert, die beide innere Erregung und echte Wärme fordern.

Will man sich über das Wesen der Begabungen klar werden, wie sie an unseren Bühnen zu finden sind, so muß man Gruppen bilden. Das eigentliche schauspielerische Problem, das bereits behandelt worden ist (S. 31 ff.) gilt nicht für alle; denn es gibt unter den Darstellern viele, die bewußt oder unbewußt gar keine künstlerischen Grundlagen haben und den Beruf nur betreiben wie eine äußerliche Pflicht. Vielleicht umschreibt folgende Vierteilung die Hauptmerkmale unserer Darsteller: Mitläufer, Kunsthandwerker, Naturell, Persönlichkeit.

Mitläufer. Mitläufer sind, wenn nichts Geringeres, unglückliche Schwärmer, die aus Liebe zu einem oder einigen Schauspielern, wohl auch zum Dichter, oder aus Ekel vor anderen Berufen, gegen den Willen ihrer klarblickenden Umgebung, mehr dem Drum und Dran des Bühnenbetriebs zustreben als seinem Mittelpunkte. Sie leiden Schiffbruch, einmal, zehnmal, hoffen auf ihr gutes

Glück beim ersten Male und verpfuschen so ihr Leben, das in anderen Bahnen vielleicht ein freundliches Gesicht gehabt hätte. Hilft ihnen in jungen Jahren auch die Buntheit des Theaterlebens über manche Stunde erschütternder Erkenntnis fort, so wird doch ihr Alter unsäglich niederdrückend, wo die Talentlosigkeit am nacktesten zutage tritt und auf keine Schonung mehr zu rechnen hat. Sie enden oft als unfähige, aus Mitleid geduldete Souffleure oder Inspizienten und sind auch in diesen sehr verantwortungsvollen Stellungen, die ein künstlerisches Feingefühl voraussetzen, nur eine ständige Marter der Darsteller und Spielleiter, deren Helfer sie sein sollen. Ab und zu übernimmt einer von ihnen wohl auch ein Theater, setzt sein Vermögen zu und steht binnen kurzem wieder vor der Vernichtung. Solange es umfangreiche Personenverzeichnisse in den Stücken gibt, sind diese Leute freilich notwendig; denn wer sollte sonst die kleinsten und allerkleinsten Rollen an Theatern übernehmen, die ihren Ersten sogar nur einen höchst bescheidenen Lebensunterhalt bieten können! Mitläufer werden sich, wenn es sein muß, zehn Jahre lang für Anfänger ausgeben und so für eine kleinere als die nun festgesetzte Mindestgage spielen, die bekanntlich an eine zweijährige Zugehörigkeit zum Theater geknüpft ist. Zuzeiten — sie kommen oft aus gutbürgerlichen Häusern oder gar von der Universität — stellen sie den geistig feinsten Teil des Personals dar. Hinter den Kulissen, in den Pausen sieht man die meist sehr höflichen Unglücklichen ganz gern und läßt sich von ihnen literarische und ästhetische Erläuterungen gefallen; sie schütteln derlei zum allgemeinen Erstaunen der wenig lesefreudigen bevorzugteren Kollegen aus weiten Ärmeln und glauben damit ihre Zuhörerschaft über künstlerische Dinge aufgeklärt zu haben. Sie kennen die Geschichte jeder Rolle, die Besetzung und Kostümierung vor 100, vor 50 und 10 Jahren, bewahren aus Büchern oder auf Gerüchte hin die Gangart und Sprechweise der Vorgänger, wirkungsvolle Nüancen und sind doch, wenn sie selbst in so einer Aufgabe „draußen" stehen, gleich leblos, gleich armselig wie in anderen, für die keine Vorbilder existieren. Den Größen des Ensembles huldigen sie unbedingt und beweisen ihnen so unwiderleglich an den Fingern, war um sie erstens, zweitens, drittens groß und viertens, fünftens allen Zeitgenossen überlegen seien, daß denen ganz schwül zumute wird. Ihr scharfer Verstand befähigt sie wohl

auch, die Schwächen der Kollegen herauszufinden — besonders der-
jenigen, die ihnen selbst die Rollen „wegspielen" — und verbittert
sie aufs tiefste, weil sie den Grund nicht einsehen, der ihnen die
Rollen vorenthält. Man kann ihnen auch Gefühl und Anschauung
nicht schlechtweg absprechen, nicht Sprechtechnik und Handgriffe —
aber alles das paßt nicht zueinander, tritt auch nie gemeinsam
in Aktion, worauf es beim Theater hauptsächlich ankommt. Wenn
so einer schon einmal den schlichten Ton des Dieners trifft, so versieht er's im Gange, oder umgekehrt; er ist eben auf der Bühne
nie zu Hause und „stört", wie Christian Morgensterns Huhn in
der Bahnhofshalle; nur mit dem Unterschiede, daß ihm „unsere
Sympathie" nicht „gehört".

Kunsthandwerker. Die Kunsthandwerker brauchen nicht als
solche geboren zu sein und können aus dem Kreise der Mitläufer
oder der Naturelle stammen. Als über ihre Begabung hinaus-
gewachsene Mitläufer sind sie fast zu bewundern. Durch immer-
während Vergleichen und durch Geschicklichkeit überwinden sie da
scheinbar den Dilettanten und seine Hemmungen. Das gelingt ihnen
besonders weitgehend in Aufgaben, wo die Leidenschaftlichkeit verhalten bleibt und die geistige Beherrschung der Vorgänge den größten Teil des künstlerischen Gehaltes ausmacht: wie oft bei Ibsen.
Der Dichter adelt gewissermaßen ihre Schwächen, und das Publikum sieht in den schauspielerischen Mängeln einen schöpferischen
Vorzug; es ergänzt gutwillig selbst, was ihnen an Lebenskraft
gebricht und täuscht sich vor, die leer laufende Mühle sei voll Korn.
Verstehen diese zu Kunsthandwerkern beförderten Mitläufer sich
zudem aufs Maskenmachen, so hält man sie leicht für proteische
Talente. Stellt man sich aber auf den ästhetischen Lebenspunkt,
so versagen sie wie jeder Nichtkünstler. Ihre Zahl ist groß. — Naturelle, die sich durch den Raubbau in kleinen Theatern oder durch
eigene Erfolgsucht zu früh abnutzen, enden notgedrungen auch im
Handwerk. Sie machen alles und verderben vor nicht sehr an-
spruchsvollen Zuschauern nur wenig; verachten die stark geblie-
benen Naturelle und werfen ihnen vor, daß sie den Dichter ver-
gewaltigen und nichts „können" — nur weil ihre Technik geringer
ist; sehen auch hochmütig auf die Mitläufer herab, die ohne Wirkung bleiben. Im Grunde erhebt sich ihre Kunst nie übers Orna-
ment. Noch bevor sie den Inhalt erfaßt haben, bilden sie an der

äußeren Form; nähern sich also der Dichtung von außen her und reden darum auch viel von Auffassung. Das ist dann nichts anderes als ein Zurechtkneten, Zurechtschneidern mit Rücksicht auf ihr vielleicht ansehnliches Rüstzeug an Tönen, mimischen Variationen, Stilisierungskniffen. Sobald der Kenner ein Dutzend Male dieser Art des „Schaffens" zugesehen hat, beschleicht ihn die Langeweile. Die Ausdrucksmittel werden mehr zum Verhüllen der Schwächen als zum Herausstellen innerlicher Kräfte verstärkt. Ihr gedämpftes Sprechen wird Geplapper, ihr erhobenes öde Deklamation. Worte, Sätze, Szenen bleiben ohne den notwendigen Antrieb des Schauens, Erlebens. Die Phantasie, die sie vielleicht noch während der Rollen= aneignung angerufen hatten, setzt abends aus; als Ersatz wirkt die Arabeske, die Manier. Aber sie sind die Freude des bequemen Publikums, dem sie nie Rätsel aufgeben, von dem sie überhaupt nichts als das Zuhören verlangen und dem sie dafür gefällig sind. Zu Triumphtagen werden ihre Anstellungsgastspiele, die bis an die vorletzte Höhe der Theaterbetriebe hinan stets gut ausgehen; manchmal erklimmen sie sogar bei solchen Debüts die letzte. Die Schublade ihres Könnens reicht eben für zwei, drei Charakterisie= rungen aus und mehr beansprucht man bei Gastspielen nicht. Er= langen sie aber dann Einfluß auf die Mitgliederergänzung, so überzieht bald Meltau der Leichenhaftigkeit das ganze Theater= gefilde. Sie dulden weder den frischen Nachwuchs noch ringen sie sich selbst wahre Freuden und Schmerzen ab: aus Talentmangel, aus Bequemlichkeit, aus Mangel an Gegnern. Sie sprechen wohl die Worte der Dichter, aber das Ursprünglichste wirkt bei solcher Dar= stellung epigonenhaft, nachgeschwatzt, aufgesagt. Schuld daran ha= ben auch die Arbeitsverhältnisse, über die der Schauspieler nicht Meister ist; vor allem nicht an kleinen und mittleren Bühnen. Hier können die Stücke nicht oft wiederholt werden und so sind auch nur wenig Vormittage für die Proben frei, noch weniger Volltage fürs Aneignen des Textes. Die Folge ist ein ungenaues Lernen, ein unlustiges Probieren mit halber Kraft, endlich die weitherzigste Inanspruchnahme des Souffleurs. Wer sich aber dem mechanischen Abschnurren seiner Gedächtnisfeder nicht überlassen kann, der kommt auch nicht über die grammatischen Sorgen hinaus, und die liegen abseits der ästhetischen. Nach so einer ungenügenden Probe, auf der es drunter und drüber geht, vertröstet man sich

gern auf den Abend, als ob bis dahin alle Fehler ausgemerzt wer=
den könnten, und die große Verantwortlichkeit und das Zusammen=
raffen der letzten Kräfte läßt's dann meist auch glimpflich aus=
gehen — aber von einer künstlerischen Durchbildung kann nicht
die Rede sein, wo auf der letzten Probe grobe Unsicherheiten waren.
Die Tragik des Provinzschauspielers liegt hier verankert, den es
natürlich auch in Berlin und Wien gibt, wie anderseits in der
Provinz auch die reinen künstlerischen Gattungen blühen; dieser Be=
griff ist ein Behelf. Auf niedrigerer Stufe spricht man von Schmie=
renschauspielern. Ihnen ist jede Erfurcht fremd und die Scheu vor
einer vielleicht zu großen Aufgabe, wie sie selbst das Genie manch=
mal beunruhigt. Gewiß wird's den besseren unter ihnen auch noch
wohlig ums Herz, wenn sie eine Dichtung durchlesen, aber diese
Gefühle halten nicht Stich: Rücksicht auf Erfolgsmöglichkeiten und
andere äußerliche Begleiterscheinungen lenkt sie vom Studium ab;
sie dringen gar nicht bis zur Wurzel vor. Liebelei, Getändel, Ge=
schäft. Wer möchte von ungespannten Saiten Meisterwerke hören!
Die einen oder anderen suchen ihr schlechtes Lernen mit dem Hin=
weis auf große Kollegen zu entschuldigen, denen auch manchmal die
Worte fehlen; sie vergessen nur dabei, daß etwa Bernhard Bau=
meister, und auch er nur in geringwertigen Aufgaben, seine kleinen
Unsicherheiten durch stummes Spiel zu verdecken wußte, dem mehr
Leben innewohnte als dem weggelassenen oder verzögerten Worte.
Wie in jeder Kunst sind auch hier die Kunsthandwerker häufiger als
die Volltalente.

Das Naturell. Aufführungen unter der Mitwirkung von Kunst=
handwerkern und Mitläufern können, von langer Hand vorbereitet,
den Eindruck der Korrektheit machen. Man erfährt Wort für Wort
den allgemein verständlichen Inhalt, es wird logisch richtig be=
tont, die Gestalten sind in der Maske sinnfällig voneinander abge=
hoben: der Zuschauer fühlt sich im Theater ganz behaglich, vom
Lustspiel unterhalten, vom Schauspiel höflich daran erinnert, daß
es auch schwierige Verhältnisse im Menschenleben gibt. Tiefer aber
greift die Wirkung nicht ein. Ist nun zwischen den um die Seelen=
ruhe so besorgten Darstellern ein wildes Naturell, so hört die
Bequemlichkeit des Zuschauers auf, etwas wie Zwang dringt auf
ihn ein, er kann mit seinen Gedanken nicht mehr abirren — aber er
ist gleichzeitig beglückt und sieht und hört fast nichts anderes mehr

als diese eine Schauspielerin, diesen einen Schauspieler; die übrige Aufführung wird zur Staffage. Die Naturelle sind die großen Lebensbringer, Lebensstärker, Ermunterer, Mutmacher. Unabsehbarer Segen geht von ihnen aus. Wohl ist dies Leben oftmals nicht im Schmelzofen der Kunst gereinigt, das künstlerische Gebot vom kleinsten Kraftmaß selten befolgt (sie setzen oft zehn Einheiten in Bewegung und wirken nur in der Stärke einer einzigen), aber unser Herz fliegt ihnen zu, wir jauchzen und weinen mit ihnen vielleicht schon, ehe sie den Mund auftun. Leere Stücke füllen sie mit Blut; Schablonen schwellen plastisch auf zu Individuen, engbegrenzte Individuen wiederum steigern sie zur Gattung. Alle Zeichen vollblütiger Rasse oder glücklichster Kreuzung zittern in ihren Muskeln, ihrer Haut: nicht nur Augen, Stirn und Mund sind hier fahnenschwenkende Herolde und reich instrumentierende Begleiter des Wortes, auch die Nasenflügel, die Wangen nehmen teil an dem schöpferischen Akt; die Stellung der Hände und der Finger zueinander, die atemaufnehmende Brust, das erbebende Knie — alles steht unter einem einzigen geheimen Gesetze, spielt ein von Augenblick zu Augenblick immer neues Konzert, das manchmal gegenüber dem Worte sogar zu laut ist. Wie ein Blick in Kinderaugen, ein Blick in den Weltgrund ist so ein Naturell auf der Bühne. Da ist Wahrheit, die keines Beweises bedarf, Notwendigkeit ohne lange kausale Kette. Wehmut wird zur Tragik vertieft, Lächeln zum Humor. Gretchen und Othello im Bezirke solcher Talente können lachen, heiter sein, tragen nicht von Anfang an den Dolch des Schlusses im Gewande. Ton, Haltung, Mimik leben den ersten Akt vor, und nur zwischen Ton, Haltung, Mimik geistert dabei der fünfte. Das Naturell hat zuerst den Zwiespalt von Tragik und Komik überwunden; es verzichtet auf Steifheit und Grabestöne bei der einen und bei der anderen auf animierendes Grinsen, aufs Gliederverrenken und aufs Kicksen der Stimme.

Der Spielleiter hat seine liebe Not mit den Naturellen, weil sie meist ohne rechte Technik sind und sich auch gegen die Technik sperren. Er mag ihnen nicht zumuten, ihm etwas nachzumachen, und muß doch gewisse Forderungen an sie stellen, um seine Regiearbeit durchführen zu können. Wie angenagelt stehen sie manchmal auf einem Flecke, wo die Situation eine örtliche Loslösung erheischt; mit aller Liebe und Güte kann er ihnen eine bestimmte ein-

labende oder fortweisende Armbewegung nicht abringen, die sym=
bolisch notwendig ist; zusammenhängende Reden hassen sie wie
etwas Gegennatürliches, weil sie nicht die Objektivität haben sie
zu gliedern und künstlerisch zu beherrschen. Gern zerreißen sie die
Sätze, statt sie zu binden, und geraten dabei leicht in hervorgestoße=
nes, unartikuliertes Bellen, überschreien (das aber sehr fern von
der sinnlos deklamierenden Brüllerei anschauungsleerer Handwerker
ist!). So kommt in große Monologe die Eintönigkeit höchster Er=
regung, die ebenso gegen die Form fehlt wie empfindungsloses Ge=
plapper; kommt Heiserkeit im dritten Akt und Erschöpfung im
fünften. Merkwürdigerweise lernen sie nichts aus diesem Miß=
geschick, das ja durch technische Übungen aus der Welt zu schaffen
wäre. Überwältigend tritt ihre Natur an den wahrhaft wichtigen
Punkten, den Wendepunkten der Rolle heraus, die sie gefühlsmäßig
erwittern, während der Handwerker, innerlich unbeteiligt, den
glättenden Hobel über Höhen und Ebenen führt. Ein Schrei, ein
Schweigen — Sonne der Kunst! Nur für den Kenner künstlerischer
Vorgänge ist's verständlich, daß so ein Naturell, aus dessen Munde
tagüber kein kluges Wort dringt, das auch der klugen Rede eines
anderen nicht zu folgen vermag und jedenfalls keine Freude an
geistigen Auseinandersetzungen hat, auf der Bühne sehr wohl in=
telligent erscheinen kann. Zarteste dichterische Gebilde formt es wie
mit zartestem Geiste nach, wenn ihm der Spielleiter ein wenig hilft;
Gebilde, die es im Leben mit banausischem Spott von sich wiese. Da
nun seine Kunst mit Lüge nichts zu tun hat, so muß auch irgendwo
in einer Märchenecke seines inneren Menschen die Potenz zur Gei=
stigkeit versteckt liegen; der Alltag reicht nicht bis dorthin, erst die
Dichtung legt durch den schauspielerischen Rausch solche Schätze bloß.

Das Naturell ist in seinen stärksten Vertretern mit genialen,
mit dämonischen Eigenschaften durchsetzt; denn Genie und Dämonie
bedeuten nichts anderes, als was am Naturell mitgerühmt wor=
den ist: im Zentrum der dichterischen Lebenskräfte sitzen, von ihnen
und den eigenen gespeist, mit Urgewalt daherfahren und rein
vernunftgemäße Einwände beiseitewerfen! Das rührt schon an den
Bereich der Persönlichkeit, der jedem entwicklungsfähigen Na=
turell offensteht. Und wo sich das schauspielerische Naturell einmal
ganz und gar mit der dichterischen Aufgabe deckt, wo also die Män=
gel seiner Technik und des vorwiegend instinktiven Arbeitens gar

nicht vortreten können, bietet es eine ſchlechthin vollkommene Leiſtung, die ſonſt der vierten Gruppe unſerer Einteilung vorbehalten
bleibt.

Die Perſönlichkeit. Auch Perſönlichkeit iſt nur ein Notwort;
jede kleine Eigenart könnte bereits damit bezeichnet werden. Ich
möchte es eher negativ als poſitiv definieren: was den anderen
Begabungen fehlt, iſt hier ausgefüllt. Doch ſoll damit nicht geſagt
ſein, daß eine ſchauſpieleriſche Perſönlichkeit alle Rollen ohne Tadel
verkörpern könne; nein, ſie iſt ihrer beſchränkten menſchlichen Individualität verhaftet. So wird ſie ſogar ihren Rollenkreis enger
begrenzen als ein ähnlich temperiertes Naturell, weil ſie mit Bedacht ſchafft und beſſer erkennt, was ihr „liegt". Sie begnügt ſich
nicht damit, zufällig das Richtige zu treffen, und läuft auch ſeltener
Gefahr, ſich ſo zu „verhauen", wie es dem Naturell zuſtößt. Solche
allerhöchſte Auswirkungen der Natur und Kultur ſind gewiß nicht
häufiger als Muſiker, Dichter, Bildner erſter Ordnung. Kainz er-
ſchien etwa als König Alfons in der „Jüdin von Toledo" und als
Richard II., Mitterwurzer als Philipp auf dieſem Gipfel; Mat-
kowſky wurde uns entriſſen, bevor er mit ſeinen glänzenden Gaben
eine gleiche Ausgeglichenheit hatte erreichen können: er war dem
Blute oft tiefer untertan, als es die Dichtung guthieß.

Es gibt keine dichteriſche Geſtalt, die durch das Hinzutreten der
geeigneten ſchauſpieleriſchen Perſönlichkeit nicht gewänne. In den
zweierlei Kunſtmitteln liegt das bereits begründet, die ſich ſummie-
ren, ja multiplizieren. Bei dieſem Prozeſſe ſaugen ſich beide Leiber,
der erdachte und der wirkliche, Ader für Ader, Faſer für Faſer, Nerv
für Nerv aneinander, und wo die Berührung, die Durchdringung
ſtattfindet, quillt lebendige Kunſt hervor. Was dabei am Schauſpieler unberührt, unbeteiligt bleibt, ſtirbt auf Zeiten ab, wird von
der Maske verdeckt, ſo daß nicht immer ſein ganzer körperlicher und
ſeeliſcher Komplex zur Erſcheinung kommt, wohl aber im günſtigſten
Falle der ganze Charakter der dichteriſchen Schöpfung. Liegt der
Fall nicht ſo günſtig, kann der Schauſpieler nicht die Totalität des
Charakters in ſich aufnehmen und mit ſich verſchmelzen, ſo kommt
der Dichter zu kurz. So iſt etwa Ekhof dem Tellheim einiges ſchul-
dig geblieben, weil er ein zu guter Galotti war.

Wo eine dichteriſche Aufgabe der ſchauſpieleriſchen Perſönlichkeit
nur bis ans Knie reicht, ſtört wiederum ein Mißverhältnis. Bei Schau-

spielerjubiläen kommt es wohl vor, daß man Saladin und seine Mamelucken mit gleichstarken Kräften besetzt. Was geschieht dann? Die Aufführung wird unorganisch; der Zuschauer bewundert die Selbstlosigkeit der Mameluckenspieler, die sich in orientalischen Nüancen, im Blitzen der Augen ein Gütchen tun, und vergißt, daß „wichtigere Punkte zu erwägen" sind; die nebensächlichste Episode wird hier auf die Höhe der Haupthandlung gezerrt. Ähnlich ist's, wo der Horatio künstlerisch über dem Hamlet steht; es hieße Un= menschliches von ihm verlangen, wenn er seine Fertigkeiten ver= leugnen sollte, nur weil irgendeinem unfähigen Günstling des Theaters die größere Aufgabe, der Hamlet, zugefallen ist.

Zum Wesen des Dilettanten gehört es, daß er beim Vorlesen das erste Wort jedes Satzes hervorhebt, gleichviel, ob es für den Satz wertvoll ist oder nicht. Der Kunsthandwerker dagegen nimmt so ziemlich alle Worte wichtig, als wolle er dem Zuschauer keine Silbe entgehen lassen. Das Naturell konzentriert sich gern nur auf die entscheidenden Gefühlsausbrüche und wirft anderes unter den Tisch. Die Persönlichkeit wird auch hier das Ideal anstreben: das Kleine klein, das Große groß sehen und die Mittelglieder zu diesen äußersten ins rechte Verhältnis setzen. Darum vermag auch nur, wer eine Dichtung genau kennt, ja, wer sie schon wiederholt von der Bühne her genossen hat, den Wert der schauspielerischen Per= sönlichkeit abzuschätzen. Wie will er sich an dem Spiel der Rebekka West im ersten Akt erfreuen, wenn er nichts von ihrem schuldbela= denen Gewissen weiß, das sie viel später, im dritten Akt, aufdeckt! Dies Schuldbewußtsein soll der Frau Helseth, soll Kroll und Roß= mer noch verborgen bleiben, nicht aber dem Zuschauer. Der Zu= schauer hat sich also durch Lektüre vorzubereiten, wenn er mehr als den Tatsacheninhalt erfahren will. Daß er es in der Regel nicht tut, ist das Glück für die Halbbegabten der Bühne, ist die Qual der großen Verkannten, die alle der Entsagung zutreiben. Der rechte Theatergänger aber will auch bei der zehnten Aufführung noch nie Gesehenes sehen, nie Gehörtes hören; bald geht er der Regie, bald einer neuen Besetzung zuliebe hin. Schröder war groß als Lear, Fleck nicht kleiner; Brockmann gewann mit seinem Hamlet dem ganzen Stück die deutsche Bühne, Schröder verstärkte den Sieg, eine ganze Reihe von Nachfolgern hielt ihn aufrecht, Kainz erneute ihn auf anderer Grundlage; die beiden schottischen Könige

und die vielen däniſchen Prinzen hatten nicht viel mehr als die
Buchſtaben der Shakeſpeareworte gemein, aus denen ihre Rolle
beſtand; nur die Buchſtaben, nicht einmal die Laute: denn mit der
Lautwerdung beginnen die Unterſchiede. Hinter jedem Laut ſteht
Seele, ſo daß man ſagen darf, das Körperliche ſei für den Schau=
ſpieler eigentlich nur Behelf und der ſeeliſche Aufbau entſcheidend.

Je reicher eine Dichtung iſt, um ſo freier macht ſie — mit der
Zeit — den Schauſpieler (im Anfang erdrückt ſie ihn faſt). Sie
funkelt nach vielen Seiten hin und es würde nur Verwirrung
ſtiften, wollte der Schauſpieler alle Spiegelungen in jeder Szene
zeigen (er könnte es auch meiſtens nicht!). So iſt es ihm erlaubt,
aus organiſatoriſchen Gründen, da und dort die Dichtung zu ver=
einfachen; denn dem Publikum erſcheint ſchon als Chaos, was nur
bunte Form iſt. Als Schröder gegen ſeine eigene Überzeugung dem
„Lear" einen verſöhnlichen Abſchluß gab, erreichte er, was wich=
tiger als dieſe zeitweilige Verballhornung war: einen neuen deut=
ſchen Markſtein auf dem Wege zu Shakeſpeare. Man ſehe den
erſten Fauſtmonolog daraufhin an. Er iſt nicht gebaut wie irgend=
einer aus „Macbeth" oder wie ein Learſcher Fluch, noch weniger
wie eine kerzengerade auffahrende Schillerſche Rakete — bis auf
den Schluß ganz undramatiſch; und doch voll großer Augenblicke;
die nur mehr nebeneinander als übereinander liegen. Was zu tun?
Will der Darſteller der Bedeutſamkeit jedes geflügelten Wor=
tes — der Monolog beſteht nur aus geflügelten Worten —
von der Bühne hinab gerecht werden, ſo ermüdet er ſich und die
Hörer (zu ſchauen iſt nicht viel!). Darum überläßt er ſich in
dieſem Ausnahmefalle, wenn er erſt einmal mit dem ſchönen Un=
geheuer fertig geworden iſt, ſeiner Intuition und wird heute den
einen, das nächſte Mal den andern Abſatz auf den höchſten Grad
des Lebens führen. Er überraſcht ſich ſelbſt während des Sprechens
mit neuen Vertiefungen und Hervorhebungen, ein fortgeſetztes
Blitzen iſt in ihm; er erlebt Entdeckerſtunden noch in der hundert=
ſten Wiederholung und ſeine Freude ſteckt ſein Publikum an. Was
freilich an großzügiger Gliederung auch in dieſem Monologe iſt;
darf ſolcher Veränderlichkeit nicht preisgegeben werden. Immer
wird der Niederbruch unter dem letzten Worte des Erdgeiſts voll=
ſtändig ſein müſſen, die Wagnerſzene eine Erſchlaffung und Atem=
pauſe, der Entſchluß zum Selbſtmord tiefinnerſter Wunſch); aber

zwischen dem Weggange Wagners und der Erkennung der Phiole, dann zwischen dem Herunterholen und dem ersten Glockenton ist für mannigfache Varianten Raum. Nur die gewaltigsten Geistesprodukte gestatten solche Freiheit, eben weil sie sonst dem Schauspieler und dem Publikum über den Kopf wüchsen; in weniger gemauerten, gehämmerten Stücken, die schon mit der Erstaufführung bis auf den Grund ausgeschöpft sind, heißt es durchaus: ein Mal wie's andere spielen! Sonst zerfällt die schwache Form ganz und gar.

Vom Anfänger und Lehrer.

Erste Anzeichen der Begabung? Der Künstler wird geboren, das ist wohl wahr; aber steht auch die Märchenfee an seiner Wiege, die ihm das an den Augen ansieht und die es den Eltern in einem Patenbriefe sagt? Auf welchen Irrwegen haben nicht unsere Größten noch nach zwanzig und dreißig Jahren das Heil gesucht! Wer hat sie erkannt: sie sich selbst, die Mutter, der Vater, die Welt? Und nun gar bei der Schauspielerei — unübersehbare Fülle der Verblendung! Der Junge kann lesen und sprechen — das kann ein jeder — und will damit zum Theater; in diese Hölle, vor der die Jahrhunderte warnen! Er ist in der Schule etwas ungenierter beim Aufsagen von Gedichten; trompetet, wo andere kratzen, geht bei Betonungen höher hinauf und wird dafür von der Seite angeguckt, belächelt, auch von einigen angestaunt. An vaterländischen Festtagen darf er das kleine Rednerpult der Aula betreten und tut es mit Zuversicht, wird von den Lehrern belobt. Als Student hilft er einen dramatischen Verein gründen, der literarische Kuriositäten ausgräbt und zur Aufführung bringt. Er übernimmt dabei eine Rolle, hat etwas Schwung, bleibt aber steif wie ein störrischer Bock. Vielleicht auch ist er als Kind ein eifriger Kasperlspieler gewesen, hat die Puppen gegeneinandergeführt und kleine Szenen ersonnen. Oder das elterliche Abonnement öffnet ihm allwöchentlich einmal das Stadttheater; er kehrt erregt heim, träumt davon und kopiert am nächsten Tage den „schwarzen Mann". Trotzdem kann er talentlos sein.

Das geborene Talent. Ein Mädchen aus der vergessensten Gesellschaftsklasse, das aus dem Waschkeller der Mutter kaum herausgekommen ist, trägt eines Abends ein Spitzenhemd in die Garderobe einer Schauspielerin, muß die Bühne überqueren, hört, ein paar Augenblicke stehen bleibend, wie zwei Menschen in seltsamen Kleidern und Haartrachten einander schöne Dinge sagen, die weder für die Schule noch für den Waschzuber passen, und weiß am nächsten Tage plötzlich, wozu sie auf der Welt ist. Der Schauspielerberuf scheint um ihretwillen erfunden zu sein. Sie fragt sich voll Hinterlist über die ihr bekannte Schauspielerin weg zu einem Lehrer durch, und als der verlangt, sie möge ihm etwas vorsprechen, weiß sie nichts als die paar aufgeschnappten Sätze ihres Verlobungsabends; die spricht sie. Und er gibt ihr dann ein Buch in die Hand, läßt ihr eine Weile Zeit und sie liest ein Gedicht, einen Rollensatz vor: Dialekt der Vorstadt, kindlich skandiert, verständnislos (da sie das Stück nicht kennt) — aber jeder Ton, jeder Muskel schreit auf: mein, mein Reich!

Betriebsame Anfänger. Im Durchschnitt ist heute die Überlegung des Anfängers so: beim Theater kann man es bis zu 100 000 Mark Jahreseinnahme bringen, sogar darüber hinaus; man hat dafür sehr viel freie Zeit, vor allem keine festen Geschäftsstunden wie in anderen langweiligen Berufen; obendrein kauft das Publikum Porträtpostkarten und schreibt bewundernde Briefe; von dem nicht enden wollenden Applaus nach den Vorstellungen ganz abgesehen; viele Damen vom Theater haben schon richtige Herzöge und Grafen, sehr viele wenigstens Millionäre geheiratet — und als sie anfingen, konnten sie auch vielleicht nicht mehr als du; also versuch's! Sie versuchen's zu Hunderten und finden alle ihren Lehrer, sofern sie das nötige Geld aufbringen; sie befreunden sich zudringlich mit einigen Mitgliedern des nächsten Theaters, wissen um die Eitelkeiten und Liebschaften hinter den Kulissen und haben auch sehr bald heraus, worauf es beim „Probesprechen" ankommt (das sie nach und nach bei jedem beliebten Darsteller erbetteln): Monolog der Jungfrau, Gretchens, der Julia; wohl auch, um recht verdorben und modern zu erscheinen, Salome, Elektra, Wendla Bergmann, Lulu; männlicherseits meist ohne erotischen Einschlag: Valentin, Hamlet, Mortimer, Melchtal; Hasenclevers „Sohn" in neuester Zeit. Sie richten sich schon für den Unterricht her wie ihre zukünftigen Kollegen für die Bühne; die jungen Damen legen sich mal ein dünnes schwarzblaues Rändchen um die Augen, die jungen Herren lassen sich Locken brennen und nehmen nach und nach

schon Schablonenmanieren an, ehe sie recht lebendig gewesen sind.
Wohl ausgerüstete „Mitläufer" oder „Handwerker"!

Lehrerwünsche. Was für Schüler wünscht sich der Lehrer außer
den Genies, die natürlich auch äußerlich ihre Absonderlichkeiten
haben dürfen? Der erste, rein menschliche Eindruck hilft viel zur
Klärung. Alter nicht über 20 Jahre; gut gebildete, übermittelgroße
Gestalt, unauffällig normaler Gang; ein Gesicht, das dem Betrach=
ter sofort etwas erzählt, ein Auge, das dabei auch etwas verbirgt,
und — eine Stimme (kein Zungenfehler!), die nicht gewaltig zu
sein braucht, aber in der selbst beim gewöhnlichen Plaudern die
Süßigkeit eines warmen Frühlingsmorgens aufzuklingen oder eine
drohende Gewitterschwüle heraufzukommen scheint. Und dann läßt
er sich ein Gedicht vorsprechen, eine Szene vorspielen aus einer
Rolle, an der das Herz des Prüflings hängt, und beobachtet, ob
der dichterische Charakter und die einzelnen dichterischen Bilder
innerlich erlebt werden und ob Organ, Miene und Bewegung nicht
dem inneren Gesicht entgegenwirken. Irgendein leidenschaftlicher
Ausbruch fördert dabei das Urteil ungemein, da er zeigt, daß der
Schüler nicht phlegmatischen Temperaments ist. Phlegma ist Büh=
nentod. Bei komischen Begabungen sucht der Prüfende eigentlich
zwischen den Worten des Textes nach der Bestätigung; die
Drolligkeit, der Humor hängen nicht am Wort.

Zweifelhafte Fälle. So einfach aber macht's der Prüfling dem
Lehrer nicht immer. Es hat ja zu allen Zeiten auch unter=
setzte Schauspieler von Bedeutung gegeben, die einen abscheulichen
schleppenden oder stelzenden Gang hatten, ein höchst unregelmäßiges
und nahezu ausdruckloses Gesicht, zusammengekniffene Augen und
eine wehtuende Hahnenstimme. Ein ungeschlachter Neuling kopiert
zum Lachen die elastischen, lebhaften Stellungen eines seriösen
Schauspielgastes, an dem er sich blind gesehen hat; eine andere,
gertenschlanke Ephebenfigur versucht sich am plumpen Götz von
Berlichingen. Die Befangenheit läßt ein junges Mädchen nicht ein=
mal dazu kommen, sich verständlich zu machen; eine andere schreit
über den Sinn der Dichterworte hinaus, redet an ihm vorbei —
und alle diese Irrungen beweisen so gut wie nichts; überall kann
ein Talent stecken. Der beste Ausweg ist es immer noch gewesen,
mit den jungen Leuten eine Probezeit zu vereinbaren — ein Monat
reicht aus —, die kein Aufgeben des bisherigen Berufes verlangt

und ihnen, ihren Angehörigen und dem Lehrer einige Sicherheit bringt über ja oder nein. Da werden die ersten sprechtechnischen Anleitungen gegeben und hauptsächlich ein paar Rollenstücke ungleicher Art durchgenommen; an irgendeinem dieser Stücke muß sich dann zeigen, ob Unterricht und Berufswahl sich verlohnen. Auch die Fassungsgabe, die Entwicklungsmöglichkeit tritt hervor. Denn die Fälle sind häufig, wo der anfänglich Ungeschickte, der fast unbegabt erschien, einen anderen Mitschüler überholt, der durch sein keckes Wesen, seine rezitatorische Sicherheit und die Freiheit seiner Gesten die besten Hoffnungen weckte, frühreif und treibhausschlaff.

Lehrerwahl. Wer zum Theater gehen will, begnüge sich nicht damit, daß ihm der zunächst wohnende Schauspieler Talent zuspricht. Er befrage in einer Großstadt einige der Berufensten auf ihr Gewissen, was sie von seinem Plane halten. Selbst wenn sie ihn alle billigen, wirft ihm meist der Zufall, der einzige Gott des Theaters, noch so viel Hindernisse in den Weg, daß er in der Mitte des Aufstiegs kleben bleibt. Verläßt er sich jedoch nur auf den Ausspruch eines kleinen Mimen, der entweder seine spärlichen Einkünfte durch Stundengeben vergrößern muß oder aus reinster Freundlichkeit ja sagt, weil das Neinsagen ihm schwerfällt, oder endlich jedes pädagogischen Könnens, jeder Urteilsfähigkeit bar ist, so tappt er mit sehenden Augen ins dunkelste Dunkel menschlichen Schicksals hinein, aus dem er nicht leicht zurückfindet.

Klassen- oder Einzelunterricht? Der Unterricht selbst kann auch klassenmäßig betrieben werden; an Anstalten dafür ist kein Mangel; vom Staate unterstützt besteht vorläufig nur die Wiener an der Akademie für Musik und darstellende Kunst. Für das normale Alter — unter 20 Jahren; Mädchen am besten nicht über 16, 17 Jahre — hat der Klassenunterricht seine besonderen Vorzüge schon durch seine längere Dauer. Die Schüler wachsen in zwei, drei Jahren inniger in die künstlerische Disziplin hinein als in einem; das Organ „setzt" sich ein wenig, so daß dann die Gefahr des Verschreiens geringer ist; außerdem bringt die Mannigfaltigkeit der Lehrkräfte im allgemeinen reichere Anregung. Die Klasse verweilt länger bei den Elementen und fördert durch das Zusammenspiel mit anderen auch Keckheit und Bestimmtheit, die in der Praxis der ersten Zeit sehr vorteilhaft sind. Freilich bleibt da-

bei, wenn nicht ungewöhnlicher häuslicher Fleiß hinzutritt, der
Rollenkreis der einzelnen sehr klein. In einer Klasse von 15 bis
20 Zöglingen kommen im Jahre kaum 5—6 exakt durchgearbeitete
Rollen auf jeden. Der Einzelunterricht bei einem guten Erzieher
faßt straffer zusammen. Zwar fallen hier Nebenfächer, wie fremde
Sprachen, Dramaturgie, Tanz, Fechten, fort (meist werden die auch
an den Schulen nur lässig betrieben, weil sie für die Versetzung und
Reifeprüfung nicht entscheidend sind), aber dafür steigt die Rollen=
zahl auf das Fünf= und Sechsfache und unleugbar ist die rein künst=
lerische Einwirkung auf den Zögling viel stärker. Der Unterricht
dauert in der Regel nur zehn Monate, braucht aber nicht so sehr
in die Breite zu gehen wie in die Tiefe, und besonders für reifere
Menschen, die eine Menge Nebenkenntnisse bereits anderswo er=
worben haben, empfiehlt sich diese kurze gedrängte Art von selbst.
Dem starken Talent tut es auch nichts, daß es sich nicht schon in
dieser Zeit geschminkt und kostümiert zeigen kann (im Gegensatz zur
Schule), denn es streift den Rest von Befangenheit, den es vielleicht
behält, auf der ersten Probe im Engagement ab.

Lehrbücher. Lehrfibeln gibt es in Menge, aber keine reicht aus;
beinahe darf man sagen: keine ist nötig. Die Erfahrung rät sowohl
für den Lehrer wie für den Schüler durchaus individuelle und
durchaus mündliche Behandlung der ganzen Disziplin an. Man
erstaunt vor jedem neuen Lehrbuche immer wieder von neuem,
wieviel falsche, wieviel überflüssige Dinge gewaltsam in den Unter=
richt hineingetragen werden, als ob es sich darum handle, die
schriftstellerischen Künste des Herausgebers zu bewundern und seine
Gabe, Martern zu erfinden. Ganze Bogen starren von schablonisierten
Tonfarbenübungen und ledernen Soloszenen und von stilistisch ab=
scheulichen Lesestücken zur Lautbildung; Gesetze werden aufgestellt,
die eher Ausnahmen sind — und hinter diesen Büchern stehen Na=
men von Klang, an die geglaubt wird. Vielleicht wirklich Künstler,
aber Erzieher? — nein! Was so der Bühne Jahr für Jahr zuge=
führt wird, beweist denn auch die Schwäche der Grundlage. Der
eine Lehrer posaunt in seine Schülerwelt hinein: „Im Anfang
war das Wort!" und ist beglückt, wenn die jungen Leute die End=
silben so deutlich aussprechen wie die Stammsilben, jedes R wie
einen Trommelschlag wirbeln, dem T, wo immer es stehe, die vier=
fache Stärke verleihen, das Ai durch Mundverrenkungen vom Ei

unterscheiden. Ein anderer, der von Natur gut spricht und einen unermüdlichen Kehlkopf hat, verwirft im Hinblick auf sich und auf andere Große jede Laut- und Tonübung und läßt von der ersten Stunde an Rollen lernen, die er dann einfach abhört und mit einigen Extempores versieht; der Schüler fühlt sich als vollwertiger Künstler, sammelt Rollen wie Briefmarken und lernt im Grunde nichts.

Lehrplan. Der Unterrichtsplan, mit dem natürlich sehr wenig getan ist, umfaßt an einer Schule im ersten Jahr etwa folgende Fächer: Laut- und Wortbildung; Atmen und Tonbildung; der Satz und seine Akzente; Lesen kleiner Prosa- und Versstücke — hierzu etwas Metrik und Poetik, besonders rhythmische und dynamische Hinweise; pantomimische Übungen: Haltung, Gang, Geste, Gesichtsgebärde, Zeremonien, stumme Szenen nach stegreifartigem Canevas und nach dichterischen Vorlagen, mit und ohne Requisiten; kleine Rollen. — Tanz, Fechten, Kostümkunde, fremde Sprachen (soweit die Bühne es erfordert; also Ausspracheregeln); Geschichte des Dramas, des Theaters, der Schauspielkunst; etwas Sprachgeschichte. — Im zweiten Jahr: Studium ganzer Haupt- und Nebenrollen; Zusammenspiel; Aufführungen einzelner Szenen und kleiner Stücke, erst im Tages-, später im Bühnengewand; Schminkunterricht — hierzu Führung durch Porträtgalerien oder Studium geeigneter Abdrücke; Vorträge über Ästhetik; Raumprobleme auf der Szene; die technischen Einrichtungen des Theaters.

Vom Bühnenweg, vom Film und von der sozialen Stellung.

Das erste Engagement. Die Lernzeit ist für die meisten Schüler der Höhepunkt ihrer Laufbahn, auf den sie denn auch lange mit Wehmut zurückblicken; vielleicht ein Leben lang. So schöne Rollen unter so sorglosen Umständen gibt's ja im Engagement nur für ganz wenige. Und wie kommt schon dies erste Engagement zustande! Aus der Schule werden die Hübschesten vor den Talentvolleren weggeholt, einige bleiben ganz unbegehrt; und die Einzelschüler kämpfen in den Kanzleien der Theateragenten einen unrühmlichen Kampf um die Ehre, nur bis ins Arbeitszimmer des Gewaltigen vorzudringen und einem zu Besuche anwesenden Di-

rektor vorgeführt zu werden. Das kostet viel Zeit und Unentwegt=
heit. Kommt ein Vertrag zustande — Anfänger genießen zwei
Jahre hindurch nicht das Recht auf die festgesetzte Mindestgage — so
erschrickt jeder Vater oder Vormund über die Leibeigenparagraphen
des Formulars, das er mitunterzeichnen soll. Daß die Geldvergü=
tung gering ist, hat noch einen Sinn, weil jeder Anfänger ein
kleines Wagnis bedeutet und mehr Hilfe braucht als der „Aus=
gelernte". Aber diese Vergütung gilt auch nur für sechs Winter=
oder gar nur für drei Sommermonate; dann sitzt er auf der Straße,
wenn die Agenten sich seiner nicht erbarmen. Er stellt dafür, wie
schon erwähnt, die ganze moderne Kleidung, einschließlich der
Strand=, Turn=, Sportkostüme; die Anfängerin hat an der Mehr=
zahl der kleinen Theater außerdem für alle historischen Trachten
aufzukommen. Sie müssen auftreten, wo und wann immer es der
Leitung beliebt, und ebenso proben; dabei wird ihnen weder eine
Beschäftigung überhaupt zugesagt — ohne die auch der bestbezahlte
Schauspieler ein toter Mann ist — noch eine würdige Beschäfti=
gung; sie statieren viel in größeren Opern, singen wohl auch im
Chor mit und rufen fleißig „Heil". Auch solche Aufgaben können
von der Regie leicht als „Rollen" maskiert werden, wenn die jungen
Leute darauf bestehen, daß man sie vom ewigen „Volk" befreie. Die
Vorproben sind vier Tage lang ganz unentgeltlich mitzumachen,
und wird dem Mitglied einmal innerhalb der Spielzeit ein Ur=
laub von ein, zwei Tagen gewährt (es kommen ja Trauerfälle
und ähnliches vor), so zieht die Direktion eine, zwei volle Tages=
gagen ab. Der Möglichkeiten, den Vertrag zu lösen, sind sehr viele,
freilich nur auf seiten des Arbeitgebers. Fünfjährige Verträge
berechtigen ihn sogar, sie am Ende des ersten und dritten Jahres
ohne Angabe von Gründen aufzuheben. Die Strafbefugnisse sind
gleichfalls uferlos und werden noch durch die Hausgesetze erwei=
tert, die das Mitglied zwar mit seiner Unterschrift in blanco an=
erkennen muß, aber erst im Engagement selbst zu lesen bekommt.
Daß sich diese Paragraphenfülle angehäuft hat, mag wohl mit
der Ungebundenheit mancher Theaterelemente, vor allem in frühe=
rer Zeit, zusammenhängen; daß all der Wust aber noch heute auf
dem Wege liegt, begreift nur, wer die Abneigung des Schauspielers
gegen die Lektüre von Verordnungen kennt. Habe ich doch gleich
in meinem ersten Vertrage unter den Hunderten von Zeilen die

eine übersehen, die meinem Direktor das Recht zusprach, den Ver=
trag unter den gleichen Bedingungen um eine Spielzeit zu verlän=
gern, und ich war an der Theaterbörse inzwischen schon das Vier=
fache wert geworden! So mußte ich für 100 Mark als „Erster
Held" in Lübeck bleiben, wo ich in Straßburg 400 Mark angeboten
bekam. Und der Lübecker Talentpächter versuchte es mit der omi=
nösen Verlängerungsklausel auch im Vertrage des zweiten Winters!

Normalvertrag. Seit Jahren liegt ein Reichstheater=Gesetzent=
wurf vor, der auf Besserung der Vertragsbedingungen gerichtet ist;
noch immer fehlt die Zustimmung der Regierung. Der April 1919
endlich hat als Vorboten den Normalvertrag gebracht. Zum Teil so=
fort, zum Teil binnen zwei Jahren treten Erleichterungen in Kraft;
beispielsweise: Entschädigung für die Vorproben; fast vollständige
Aufhebung der Sonntags= und Nachtproben; zehnwöchige Fort=
zahlung von Bezügen in Krankheitsfällen; Verminderung der Geld=
strafen; Urlaub zur Beschaffung eines neuen Engagements; Recht
auf angemessene Beschäftigung und auf Ruhepausen; Beschrän=
kung der Kündigungsmöglichkeiten auf seiten des Arbeitgebers; Aus=
gleich der beiderseitigen Gründe, die zur sofortigen Aufhebung des
Vertrages führen; Damen sollen die historischen Kostüme und einen
Teil der modernen Toiletten bekommen.

Filmverlegenheiten. Wie weitherzig übrigens mit Schauspielern
Verträge geschlossen werden können, haben erst die letzten Jahre
gezeigt, als der Film aufs Theaterpersonal übergriff. Da gab's Frei=
heiten und Rechte im Übermaß für sie und außerdem eine fünf=
und zehnfache Gage. Zwar hört man die Schauspieler meist sehr
verächtlich von dieser Nebentätigkeit reden, deren Erlös sie einzig
als Teuerungszulage zu betrachten vorgeben; aber man geht gewiß
nicht fehl, wenn man die Kriegsteuerung nicht allein dafür ver=
antwortlich macht, sondern die bequeme Erhöhung der Einkünfte
an sich und auch den befriedigten Ehrgeiz mit in Rechnung stellt.
Je größer der Name und das Bild auf dem Filmplakat, um so
höher schlägt das Herz des vielleicht am Worttheater verkannten
Sterns, und wer mitteninne steht, hört viel, viel mehr von den Er=
eignissen der zappelnden Leinwand sprechen als von der nächsten
Dichterpremiere. Da nun hier wie dort die Zeit um den Mittag
herum benutzt werden muß — hier zur Probe, dort zur Aufnahme
— so wimmelt es von Unzuträglichkeiten. Fehlt ein Darsteller

bei der Filmaufnahme, so entfällt sie eben und wird verschoben (es bleibt eine Geldangelegenheit); versäumt aber der Darsteller, um filmen zu können, die Theaterprobe, so leidet die künftige Aufführung darunter (es entsteht ein künstlerischer Mangel). Und mit Erstaunen entdeckt man, daß der Schauspieler, geblendet von den hohen Filmhonoraren, das Gefühl für die Vertragsverletzungen verliert, die er sich dem Theater gegenüber zuschulden kommen läßt; die fortwährenden Ausreden, Verlogenheiten — eine fast notwendige Folge des Zwitterberufs — können auch nur schädigend auf den Charakter wirken.

Man sollte meinen, der Film böte dem Schauspieler die pekuniären Mittel, um sich ganz und gar vom Theater zu lösen; aber erstens holt sich der Film gern weitbekannte Schauspielkünstler für seine Serien und zweitens hält den Darsteller der Ehrenpunkt noch in der Nähe der Dichter fest; nur wenige haben diesen Sprung aus dem Theater auf Nimmerwiederkehr gewagt. Im Film liegen große, noch unausgeschöpfte, kaum erst berührte Möglichkeiten künstlerischer Art und für sie ist ein hochstehendes Darstellerpersonal durchaus vonnöten. Ob im allgemeinen der deutsche Schauspieler, der sich mehr aufs Wort als auf die Gebärde stützt, der rechte Filminterpret ist, darf bezweifelt werden; romanische Talente sind den unseren hierin jedenfalls überlegen. Baut er aber seine Filmtätigkeit aus, entfernt er sich also mehr und mehr vom gesprochenen Wort, so muß er auch die Ausdrucksfähigkeit seines Körpers wesentlich steigern. Sonst ist damit zu rechnen, daß die Filmkunst sich in Zukunft ganz auf eigene Füße stellt. Vorläufig wäre es schon ein Gewinn, wenn Theater und Film sich über Proben und Aufnahmen einigten und nicht mehr gegeneinander, sondern nebeneinander arbeiteten; oder wenn gar eine Filmunternehmung mit ihren reichen Geldmitteln ein Worttheater ohne Gewinstabsichten gründete und betriebe und dessen Darsteller sich an bestimmten Tagen für ihre Aufnahmen sicherte.

Soziale Stellung. Nichts findet man in manchen Schauspielererinnerungen mit größerer Breite und innigerer Genugtuung behandelt als die von Fürstlichkeiten, Adligen und Großkaufleuten erwiesene Huld. Es ist, als ob über jedes vornehme Souper und über die dabei gesprochenen Toaste noch in derselben Nacht Aufzeichnungen gemacht worden seien; so ins einzelne gehen die Schil-

derungen. Der lesende Laie sollte derlei lieber verstehen als bespöt-
teln. Ein Stand, den vor kurzem noch das Gesetz den Dienstboten
gleich= und den kleinsten Handlungsbeflissenen hintansetzte, mußte
es als erhebende Auszeichnung ansehen in der obersten Gesellschafts=
klasse zu verkehren. Nicht wie bei Beamten, Gelehrten, Kaufleuten
ist hier eine gesellschaftliche Vorrechtsvererbung möglich, sondern
jeder hat von der Pike auf zu dienen und kann nur ganz selten von
Vater und Mutter hochgeschoben werden. Erringt er also gesell=
schaftliche Anerkennung neben der künstlerischen, so legt er in wenigen Jahren eigentlich einen Weg von mehreren Geschlechtern zurück.

Verhältnis zur Gesellschaft. Nur ist die Frage, ob das seinem
Werke so nützt wie etwa dem Kaufmann, dem Arzt, dem Rechts=
anwalt. Unleugbar hat schon die längere und intensiver betriebene
Schulzeit dem schauspielerischen Ausdruck geschadet. Der junge
Schauspieler weiß zwar im Durchschnitt mehr und versteht den
Dichter im allgemeinen besser als sein Kollege vor hundert Jahren,
aber Sitzen, Lesen und gesellschaftliche Zucht helfen ihm wirklich
nur im Salon und im Salonstücke, kaum innerhalb stark bewegter
stilisierter Kunstwerke. Sein Rüstzeug, seine Schaffensquelle liegen
weitab von dem, was im Hause des Kommerzienrats für preiswert
erachtet wird. Wie sehr es dem Stande zu gönnen ist, daß er mehr
und mehr von niederen Sorgen befreit werde, so lebhaft muß
man von kunstwegen gegen die Gleichmacherei — das Prinzip
jeder Gesellschaftskaste — und gegen das Vorwalten wirtschaftlicher
Zwecke angehen. Einen heimlichen Rest des wandernden Stegreif=
künstlers sollte sich jeder bewahren, selbst auf Kosten gesellschaft=
licher Vorzüge. Und wer diesen Rest nicht verheimlichen kann,
wem der ehemalige Zigeuner noch so sichtbar im Nacken sitzt, daß
die gute Gesellschaft über ihn lächelt und die Achseln zuckt, der sei
stolz und er selbst genug, um auf flüchtigen Souperruhm zu ver=
zichten. Die Kunst ist eine Thule im Menschheitsmeere; hier hat
sich noch etwas von der Seele der ersten Menschen erhalten: Liebes=
leidenschaft statt der matten Zuneigung unserer Epoche; Haß, Wut
und Zorn statt Abneigung; Raserei statt Entsagung; Zuversicht statt
Vorsicht. Der Pedant ist schon als Schulmeister lächerlich und ge=
fährlich, als Schauspieler aber fiele er ganz aus dem Schwungkreise
der Kunst heraus. Schröder und Iffland machten freilich auch
in der Gesellschaft hochangesehene Figur, waren trotzdem keine Pe-

danten und blieben Künstler hoher Grade; aber Ludwig Devrient,
Mitterwurzer und Matkowsky zogen es vor, mit ihresgleichen zu
verkehren, weil der Zwang unkünstlerischer Kasten ihnen unerträglich schien und sie gelähmt hätte. Deshalb jeder nach seiner Art!
Eine Statistik aus dem Jahre 1910 ergab, daß ein Zehntel aller
Schauspieler ständig brotlos war, die Hälfte eine Jahreseinnahme
von weniger als 1000 Mk., ein Viertel zwischen 1000 und 3000 Mk.
hatte, die wenigen übrigen verfügten jährlich über mehr als 3000 Mk.
— welche Gesellschaftsklasse sollte für sie alle einen nur halbwegs
bestimmbaren sozialen Platz freihalten? Und diese Unbestimmbar-
keit ist Fluch und Segen, Abwehr und Anreiz zugleich; möge sie
nie ganz verloren gehen!

Dem Komödiantentum soll damit kein Freibrief ausgestellt sein.
Leute wie Otto Lehfeld, der, wenn er am Abend den König Philipp
spielte, sich tagsüber von Frau und Kindern auf den Knien be-
dienen ließ, galten und gelten auch unter ihren Kollegen für ge-
schmacklos und wunderlich. Aber immerhin, wer zwischen Grenz-
menschen verschiedenster Temperamente hin und her gerissen wird
und sie nicht nur im Gehirn zu bewältigen hat wie der Dichter,
sondern auch mit den Muskeln des Leibes, dem kann niemand die
Pflicht aufbürden, bei jedem Fünfuhrtee aller modischen Konven-
tionalitäten mächtig zu sein. Er lebt in Gegensätzen und wandelt
zwar auch „die schmale Mittelbahn des Schicklichen", aber die
traumhafte, künstlerische, nicht die nüchterne zwischen Plebejer und
Aristokraten.

Schlußbetrachtung.

Wohl und Wehe des Berufs. Was ist das überhaupt für ein
seltsamer Beruf, den er sich erwählt, den er sich geschaffen hat!
Bald Herrscher, bald Diener; heute Richard, morgen Bankban. Er
muß im Troß ebenso fröhlich mitlaufen wie vom fürstlichen Leib-
roß gebieterisch herabschauen können. Der größte Dichter muß ihm
offenbar sein wie ein Wohnzimmer, in dem er sich auch bei Nacht
zurechttastet, und über diesem Dichter, dem er Buchstaben für Buchstaben knechtisch folgt, muß er doch triumphierend seine eigene Persönlichkeit in einer Geste, einem Laut aufblitzen lassen; sonst lege
er die Rolle aus der Hand! Keine Grenze darf auch nur linien-

sein dazwischen sein, sie würde sein Werk zerschneiden. Höchste Be=
wußtheit in naiver Form, das Auge nach innen und außen zugleich
gerichtet; geschmeidiger, ebenmäßiger Körper, eine Stimme, die
rasen und rühren, zerfleischen und heilen kann, eine Macht über
das Gefühl, die mit der Geschwindigkeit einer Viertelsekunde Gegen=
sätze schafft und deutlich ausprägt, ein Gemüt, das sich wie im
Rausche ganz ausgibt und doch nie sich verlieren darf ... wieviel
noch zeichnet den wahren Schauspieler aus, der dann troß allem
zweifelt, ob sein Beruf ein Lebensberuf sei. Denn er empfindet seine
Knebelung inniger als seine Freiheit; Dichter, Theater= und Spiel=
leiter, die Kollegen schreiben ihm Taten oder Tatenlosigkeit vor, er
klimmt nur an ihnen zur Höhe, er verblutet sich zu ihren Füßen;
er ist zum Schweigen verurteilt, wo sein Herz voll ist von Kraft
und Leidenschaft; er hat zweitausend Menschen mitzureißen, wo
er selbst sich nur mit Mühe fortschleppt. Und weil er oft anstatt zu
handeln zuschauen muß, bleiben viele seiner Stunden unausgefüllt;
er schweift ab zu anderen Beschäftigungen, gewinnt sie lieb und
lieber und sieht die Schauspielerei wie eine Not an.

Dieser Beruf nun, dem so verschwindend wenige vollauf ge=
nügen können, und der wiederum diesen wenigen nicht einmal
genügt, gilt als die bequemste Rettung aus verfehlten Lebens=
richtungen. Er ist vor allem die Fata Morgana in der Wüste des
Beamten= und Kaufmannseinerleis. Manche Äußerlichkeiten be=
günstigen dies sinnlose Andrängen. Jeder, der zum Theater will,
findet irgendwo einen Lehrer. Eher verweigern die vereinigten
Fleischhauer, Schornsteinfeger, Bäcker und Straßenkehrer einem
Lehrling Aufnahme und Unterweisung als eine Schauspielerschule.
Da lassen sich Leutchen Direktoren nennen, die niemals eine Bühne
betreten, von den Erfordernissen des Berufes keine Ahnung haben
und aller pädagogischen Anlagen bar sind. Sie vertreten den Stand=
punkt: jeder Mensch hat ein bißchen Verstellungskunst in sich,
vielleicht kommt's im Laufe zweier Unterrichtsjahre heraus; das
Theater braucht ja auch Dienerspieler, und wenn's nicht für Ber=
lin oder Wien reicht, so doch für ein Landstädtchen. Außerdem sagt
sich der Schulunternehmer: verweigere ich dem jungen Manne den
Zutritt, so füttert er meinen Konkurrenten. Und der junge Mann
ist plötzlich Schauspielelev und steht für seine Angehörigen auf
der Leiter zum Weltruhme und zu unerhörten Reichtümern. Was

8*

weiß er denn vom Wesen des Theaters?! Man hat schöne Worte
zu sprechen und bekommt dazu noch viel schönere Kostüme angezogen. — Die unsinnigen und oft unwahren Notizen über die Einkünfte gastierender Künstler sind so eine weitere Äußerlichkeit, die
ganze Menschenströme zum Theater leitet und über das Theater
weg ins Unglück. Die Zahl der Schauspieler, die am Wege sterben,
hat noch niemand festgestellt.

Zudem: nur eine eiserne Natur kann standhalten. Ich meine
damit nicht in erster Linie den Charakter, der allerdings vielen
Versuchungen ausgesetzt ist und früher in Scherben gehen kann
als in gesellschaftlichen Berufen; ich meine die plumpe Gesundheit
des Leibes. Es ist nicht jedermanns Sache, nachts zu lernen, wenig
zu essen, von früh neun bis nachmittags vier Uhr zu probieren
und abends von sechs bis elf in stickiger Luft zu schuften. Ich
bin gezwungen gewesen, mich an Wintertagen in einem Keller
aus- und anzukleiden, der keinen Ofen hatte. Noch heute wird die
Bühne eines großstädtischen Theaters allein durch die offenen Gas-
flammen erwärmt, die zur Probenbeleuchtung dienen und woran natürlich nach Möglichkeit gespart wird. Der immer aufwirbelnde Staub
macht die Bühne zur Brutstätte der Infektionskrankheiten, die denn
auch fort und fort ihren Umgang halten. Endlich die Abstecher!
Nach der Probe packen die Schauspieler ihre Garderobe und
Schmucksachen, hasten zur Bahn oder auch mal zum Leiterwagen,
spielen an fremdem Orte ihr Stückchen herunter, fahren zurück
und kommen vielleicht um drei oder vier Uhr morgens zu Bette.
Fünf Stunden danach stehen sie wieder auf der Bühne, und inzwischen haben sie ihre Rolle repetiert oder neugelernt. Um das
Wann und Wie kümmert sich eigentlich niemand recht.

Ruhm und Nachruhm? Wofür das alles? Für die Kunst? Man
kennt die Menschen schlecht, wenn man sie für gar so selbstlos
hält. Ja, ab und zu kommt ein Theaterschwärmer vor, der wirklich nur der Kunst zuliebe Entbehrungen auf sich nimmt oder sein
ererbtes Vermögen vertut. Aber der hat sicher kein Talent. Für
den Ruhm? Schon eher! Und Ruhm ist ein weiter Begriff. Eine
halbe Zeile im Kreisblatt: „er spielte seine Rolle wacker", reißt
den einen schon in den Wahn, für dies Örtchen viel zu gut zu sein,
während der andere einen Beleidigungsprozeß anstrengen möchte,
weil ihm in Berlin unter einem Dutzend Schmeicheleien gesagt

wird, er erinnere in seiner Sprechtechnik an Josef Kainz. Und
worin besteht der Ruhm, wenn nicht in der Zeitungskritik? Im
Applaus, in Verehrerbriefen und Kränzen, in der Zugkraft? Wun-
derschön und bewundernswert-vergänglich! Wenn wir ein halbes
Dutzend Namen abziehen, so ist die ganze gegenwärtige Berliner
Schauspielkunst schon in Frankfurt an der Oder unbekannt und
uninteressant. Und Berlin hat sicher ein volles Tausend Vertreter! Bleibt aber einer von dem berühmten halben Dutzend nur
fünf Jahre in Amerika, so muß er in Berlin wieder von vorn
anfangen seinen Ruhm aufzubauen. — Gar Nachruhm? Von Kainz
steht eine Bronzestatue im Wiener Türkenschanzpark; Berlin, dessen
Schauspielkunst er unstreitig durch ein halbes Menschenalter inter-
national gemacht, hat nicht einmal eine Straße nach ihm benannt
und weiß so wenig von ihm, daß es sich jeden armseligen Ersatz
ohne Schamgefühl aufdrängen läßt. — Auferstehungslose Kunst
außerdem! Wer wagt zu behaupten, daß gerade diese Kunstübung
keine übersehenen hätte, die in irgendeiner kleinen Stadt, bei Wander-
truppen verschollen sind! Wo steht ihr Werk verzeichnet? Auch
Grammophon und Film haben vorläufig noch nicht die überzeu-
gende Kraft, die verkannte Maler, Bildhauer, Dichter, Komponisten, Architekten in ihren Gemälden, Plastiken, Manuskripten
und Plänen hinterlassen können. Dort fehlt die Gebärde, hier das
Wort, und wir wissen, wie beide sich durchdringen müssen, um
eine wahrhaft schauspielerische Wirkung zu erzielen.

Was überliefert uns die Geschichte des Theaters? Sie spricht
viel von der Dichtung, die der Schauspielkunst zur Unterlage
diente, von den Häusern, in denen gespielt wurde, vom wirtschaftlichen Elend, von anderen Hemmungen, vom Publikum und von
der Kritik; nennt freilich auch eine ansehnliche Zahl von Schauspielern und bringt sie in Maskenbildnissen näher — aber ist der
Name viel mehr als Schall und Rauch und hat an Bart und
Perücke nicht der Friseur sein wohlgemessen Teil? Wenn schließlich auch die Kunstgenossen selber aus Monographien, Erinnerungen, Briefen, Analysen sich den Verstorbenen etwa so zurück-
rufen können, wie sie die Gestalt einer Dichtung nachbilden — das
Publikum, auch das belesene, das auf 200 bildende Künstler,
300 Dichter und 50 Komponisten hält, kann keine zehn Schauspieler aufsagen, die in der Zeit vor seinen eigenen, sinnlichen

Theatererfahrungen das Entzücken von Hunderttausenden gewesen sind.

Eigentliches Berufsmotiv. Wofür denn also, letzten Endes? — Für den Selbstgenuß! Wir beobachten an den Schauspielern, die alle möglichen Gipfel der öffentlichen Anerkennung erklommen haben, eine mehr und mehr wachsende Verachtung dieser öffentlichen Meinung. Wenn sie es auch durch keine unklugen Handlungen offenbar machen, wie sie darüber denken, so vergessen sie doch die Irrtümer und die schlimmen Steinwürfe nicht, unter denen sie vielleicht jahrzehntelang geblutet haben. Ein Genie wie Mitterwurzer ging zweimal vom Burgtheater fort und wurde erst bei seinem dritten Engagement für voll genommen; erst dann ließ man ihn neben manchem Mittelmäßigen gelten, der niemals Gelegenheit zu Erschütterungen gegeben hatte. Aber sie bleiben in aller Not bei der Kunst; nur ein Talentloser zieht sich aus Rücksicht auf seine Mißerfolge zurück. Sie bleiben, weil sie sonst nicht leben können. Für sie ist nicht die Frage: „Erfolgreicher Schauspieler oder was anderes": nein, sie müßten die Welt verlassen, wenn sie die Bretter verließen. Sie verzehren sich auf diesem Boden. Im Anfang der Fünfzig sind drei Große hingegangen: Mitterwurzer, Matkowsky, Kainz — Menschen von ungeheurer Lebenskraft und doch so früh verbraucht, weil sie einige 30 Jahre lang nichts als die restlose Herausstellung ihrer Leidenschaften und ihrer Phantasie betrieben haben — als Selbstgenießer! Es ist ein Wühlen in schöpferischer Lust, ein Herrschaftsgefühl sondergleichen, durch hypnotische Einstellung auf dichterische dämonische Charaktere den eigenen versteckten Dämon zu entbinden und ästhetisch zu entbinden, so daß er auf Tausende befreiend wirkt. Alles was im unkünstlerischen Menschen dumpf und häßlich bleibt, tritt aus dem Schauspieler lichtvoll und wohltuend hervor. Und wirklich ist's dem Schauspieler gegeben, durch sein Werk den Pelion auf den Ossa zu setzen, ohne selbst mehr als Pelion zu sein: ein Buch führt ihn im Traume auf die Dichterhöhe und öffnet ihm da die Reiche der schauspielerischen Welt. Solange die gewaltige Schatzkammer der dramatischen Literatur nicht erschöpft ist — und wann sollte das sein, da doch heute noch ganze Dramenreihen ungespielt sind — hat der Schauspieler keinen Mangel an großen Gegenständen. Und selbst der mittelbegabte ist damit des Geheimnisses teilhaft,

Großes erleben zu können, ohne selbst groß zu sein; ja wohl sogar seiner Mitwelt groß zu erscheinen, ohne einer Lüge schuldig zu werden. Vielleicht steckt in diesem Geheimnis der bestechendste Zauber des Berufes.

Eine Schauspieler=Bücherei.

Wesen der Bildung. Bildung ist nicht Belesenheit. Die beste Erziehung hat noch immer das elterliche Haus gegeben, und das schon zu einer Zeit, wo unsere Klassiker selbst noch Kinder waren und also noch nicht zum Bildungsmittel dienen konnten. Auch der Schauspieler sollte keine Gelegenheit versäumen, mit tüchtigen Männern und wertvollen Frauen zusammenzusein, um seinen Charakter zu festigen und einen Einblick ins große und kleine Weltleben zu bekommen. Bücher sprechen erst mit ihrer ganzen Kraft zu uns, wenn unser inneres Ohr, durch Lebensklänge vorbereitet, zuzuhören gelernt hat. Junge Leute, die mit 18, 19 Jahren bereits ihr Urteil über die ganze Literatur festgefahren haben, sind nur zu beklagen, da sie sich in der wirklichen Reifezeit der Seele, die etwa mit 25 Jahren einsetzt, meist nur noch mit zeitgenössischer Dichtung befassen. Wie wenige von ihnen finden die Ruhe, noch einmal zu den in der Schulzeit „erledigten" Persönlichkeiten der Vergangenheit zurückzukehren!

System der schöngeistigen Lektüre. Der Schauspieler hat ganz allgemein das Glück, die Verbindung mit den Klassikern von berufswegen sein Leben lang pflegen zu dürfen. Und meist lernt er ihre Dichtung überhaupt erst von berufswegen kennen. Das ist kein Nachteil, denn so schleppt er keine in unreifem Zustande vorgefaßten Meinungen mit sich und auch keine literarhistorischen Etiketten. Hat er den Trieb, seine Lektüre zu ordnen und sie nicht von der Zufälligkeit eines Theaterspielplans oder von Garderoben= und Probengesprächen abhängig zu machen, so suche er sich zuerst aus den wohlfeilen Büchereien (Reclam, Hendel, Bibliographisches Institut, Cottas Hand= und Hausbibliothek, Insel=Bücherei, Wiesbadener Volksbücher, Deutsche Dichter=Gedächtnis=Stiftung, Hesses Volksbücher, Weltliteratur) die Namen heraus, die ihm irgendwoher als Erzieher oder Beglücker bekannt geworden sind, und prüfe ihren Klang — unabhängig von ausführlichen Biographien. Aber er lese die Werke langsam, wie er mit seinen Rollen umgeht, wenn er sie sich aneignen will.

Ein so erworbenes gutes Buch ist unverlierbares Kapital und trägt ihm lebenslang Zinsen. Am besten, wenn er mit einem andern, dem es auch gegenwärtig ist, darüber ein Stündchen spricht oder ein paar Sätze darüber in ein kleines Merkbuch einträgt, die ihn zwingen, sich von Inhalt, Form und Eindruck Rechenschaft zu geben. Hat er dann das Verlangen, über des Dichters Lebensumstände etwas zu erfahren, so tut er gut, erst einen kleinen Grundriß der Literaturgeschichte, z. B. Hans Röhls Geschichte der deutschen Dichtung (Teubner), zu befragen und von ihm aus, wenn der Appetit wächst, zu Einzelschil= derungen, Briefen, Gesprächen aufzusteigen. Das braucht für Goethe nicht gleich Gundolf, für Lessing nicht Erich Schmidt, für Schiller nicht Karl Berger und für Shakespeare nicht Max J. Wolff zu sein, sondern es genügen vorläufig wieder Reclambändchen oder die durch= schnittlich höher stehenden aus dem Teubnerschen Verlag („Aus Na= tur und Geisteswelt"), oder auch die vielfach im Plaudertone ge= schriebenen der „Dichtung" bei Schuster & Loeffler, der „Literatur" bei Julius Bard. Wissenschaftliche Ansprüche befriedigen die ‚Geistes= helden' bei Hofmann & Co.

So könnte sich jeder seine eigene Literaturgeschichte zusammenstellen und neben der deutschen auf ähnliche Art eine allerknappste englische, skandinavische, russische, italienische, französische, spanische skizzieren. Er bleibt natürlich bei den Klassikern nicht stehen, sondern macht vorwärts und rückwärts Ausflüge, streift dabei die indische, die alt= griechische und altrömische Dichtung und vor allem unser kostbares silbernes, nachgoethisches Zeitalter. Nicht auf das Drama allein, die höchste Form, beschränkt er sich, er darf nicht ohne Homer und Plu= tarch, nicht ohne die indischen Sagen ins Pantheon gehen. Von Kleist und Otto Ludwig die Novellen, von Hebbel die Tagebücher beiseite lassen oder Gottfried Keller, Mörike und die Droste=Hülshoff nur als Epiker oder nur als Lyriker betrachten, wäre Selbstberaubung.

Weil aber die schauspielerische eine Raumkunst ist, so stehen ihr die bildenden Künste besonders nahe. Ihnen kann der Schauspieler gar nicht Huldigung genug erweisen. Mit Malern und Bildhauern ver= kehren bringt die beste Einsicht. Museumsbesuch und wiederum Lek= türe der 100=Seitenbändchen von Teubner tun das ihre; hinzu treten die aus Göschens, aus Quelle & Meyers, aus Herm. Hillgers Ver= lag. Der allerbeste Lehrer scheint mir auf diesem Gebiete Wölfflin zu sein; neben ihm die „Meisterbilder" des Kunstwarts. Und wo der

Geist anfängt abstrakt zu denken, um alles sinnlich Gewonnene gedanklich zusammenzuschließen, da führen andere Bändchen dieser Verleger ins Gebiet der Ästhetik, der Ethik und der Philosophie im besonderen. Vielleicht ist es hierbei gut, eine kurze geschichtliche Entwicklung vor den Einzelanschauungen zu lesen; also etwa vor Kants „Kritik" ein einführendes populäres Schriftchen von Wundt oder Eucken oder W. Jerusalems leicht faßbare „Einleitung in die Philosophie". Geschichte und Kulturgeschichte sind nach Möglichkeit gleichzeitig zu treiben.

Näheres über alle diese Literaturen findet man im Literarischen Ratgeber des Dürerbundes (bei Callwey in München), der auch gute Bücherlisten aufstellt.

Fachlektüre. Verleitet die unübersehbare schöngeistige Literatur den lesefreudigen Schauspieler leicht dazu, weiter auszuschweifen, als es seine Zeit und Fassungskraft erlauben, so kümmert er sich anderseits meist zu wenig um Bücher, die seine eigene Kunst ganz besonders angehen und allerdings in der Gesellschaft und in der Presse geringeren Widerhall finden als Romane und Dramen. Was weiß er von den vorbildlichen Persönlichkeiten seines Standes, von dem rühmlich raschen Aufstieg des Theaters im 18. Jahrhundert, von den künstlerischen Kämpfen im neunzehnten, von den Stilfragen im zwanzigsten!

Die Beschaffung einer solchen Fachbibliothek, ziehe man ihre Grenzen noch so eng, hat freilich ihr Kreuz. Das meiste ist von der großen Öffentlichkeit unbeachtet, deshalb unverkauft geblieben und endlich eingestampft worden, so daß man nur über den Antiquar hin dazu gelangt. Ich will hier eine Auswahl treffen, die mit etwas gutem Willen in wenig Jahren zusammengetragen werden kann; ein großer Teil davon sogar in einer Woche, weil er noch bei den Verlegern zu haben ist. Der Bibliophile schärfster Prägung findet also dabei seine Rechnung nicht.

Allgemeine Theatergeschichte. Die ersten Versuche, der allgemeinen Geschichte des deutschen Theaters nachzugehen (etwa Löwens „Geschichte", von Stümcke neu herausgegeben) kommen für unsere bescheidenen Zwecke nicht in Frage, weil sie Eduard Devrients umfassenderes Werk aus der Mitte des 19. Jahrhunderts überflüssig macht. Diese liebenswürdige, von ehrlichstem Wissen und erstaunlichem Können zeugende „Geschichte der deutschen Schauspielkunst" (von H.

Devrient mit Anmerkungen neu herausgegeben) ist wohl hier und da in ihren Feststellungen anfechtbar geworden, aber durch ihre bezaubernd schöne Wärme und ihren Idealismus unvergänglich. Martersteig faßt die von Devrient behandelte Zeit noch einmal kurz zusammen und läßt sich dann des breiteren über das ganze 19. Jahrhundert aus, in der Auffassung durch seinen rationalistischen Einschlag vom romantischen des Vorgängers wesentlich verschieden; ungewöhnlich lohnende Lektüre. Wem beide zu teuer sind, der greife zu der nüchternen Proelßschen, auf Devrient fußenden Darstellung oder mache sich Carl Heines noch knapperes, aber höchst lebendiges „Theater in Deutschland" zu eigen. Weiter als Heine geht Gaehde in seiner kleinen Fibel „Das Theater" zurück, vorwärts und in die Breite, ohne dabei 100 Seiten zu überschreiten. Winds wiederum ist sehr ausführlich im rein schauspielerischen Teil der Theatergeschichte und bildet ganze künstlerische Geschlechterreihen, wie ich sie in meiner Einleitung, unbekannt mit seiner Arbeit, auch angedeutet habe. Oppenheimer-Gettkes „Theater-Lexikon", leider seit 1886/89 nicht neu aufgelegt und ergänzt, bringt wie Spemanns „Goldenes Buch" auch geschichtliche Daten aus beachtenswerten Quellen; ihre Ziele sind aber weiter gesteckt: sie wollen dem gesamten Theaterbetrieb gerecht werden.

Devrient, Ed., Geschichte d. deutsch. Schauspielkunst (Berlin 1905, Elsner). — Gaehde, Chr., Das Theater (Leipzig 1908, Teubner). — Heine, C., Das Theater in Deutschland (Einbeck 1894, Lesser). — Martersteig, M., Das Theater im 19. Jahrhundert (Leipzig 1904, Breitkopf & Härtel). — Oppenheimer-Gettke, Deutsches Theater-Lexikon (Dresden 1898, Meißner). — Proelß, R., Deutsche Schauspielkunst (Leipzig 1900, Berger). — Spemanns Goldenes Buch des Theaters (Stuttgart 1912, Spemann). — Winds, Ad., Der Schauspieler (Berlin 1919, Schuster & L.).

Einzelne Epochen und Orte. In Arnolds Bibliographie, die sehr wohlfeil ist, steht das Dreißigfache verzeichnet. Ich beschränke mich in der Liste auf Epochen, die noch heute irgendwie nachwirken oder einen besonderen Reiz der Schilderung haben, und auf die wenigen Orte, von denen Epochen ausgegangen sind. Die Titel erklären den Inhalt meist selbst; im übrigen sei erwähnt, daß die „Galerie von deutschen Schauspielern" schon 1783 zusammengetragen worden ist, daß Herrmanns Werk vor allem Hans Sachsens Bühne behandelt und in Schmidts „Denkwürdigkeiten" die Schrödersche Zeit auflebt; Eloesser meint mit der „großen Zeit" die von Schröder bis Anschütz; in der ersten Hälfte des 19. Jahrh. spielt Küstners Bericht aus Leipzig, Darmstadt, München und Berlin; Fellner hat Immermanns Düsseldorfer Bühne zum Vorwurf, Jacobsohn beginnt im Jahre 1871, Brahms kritische Schriften (die Schlentherschen sind schwer erreichbar: „Botho von Hülsen u. seine Leute" und „Wozu der Lärm?") leitet die naturalistische Bühne ein; Plotke bringt zwar nur ein einziges fruchtbares Frankfurter Jahr (1917/18) zur Darstellung, wirkt aber wie eine starke Epoche; Teuber=Weilen schweifen in Wort und Bild über alle Wiener Theaterjahrhunderte hin.

Arnold, R. Fr., Bibliographie d. deutsch. Bühnen. 2. Aufl. (Straßburg 1909, Trübner). — Aßmus, W., Moderne Volksbühnenbewegung (Leipzig 1909, Quelle & Meyer). — Bierbaum, O. J., 25 Jahre Münchener Hoftheater=Geschichte (München 1892, Albert & Co.). — Brahm, O., Kritische Schriften (Berlin 1913, S. Fischer). — Devrient, Ed., Passionsspiel im Oberammergau (Leipzig 1851, Weber) antiqu. — Doebber, A., Lauchstädt und Weimar (Berlin 1908, Mittler & Sohn). — Dresdener Kgl. Schauspielhaus (Dresden 1913, Reißner). — Eloesser, A., Aus d. groß. Zeit d. deutsch. Theaters (München 1911, Rentsch). — Fellner, Rich., Geschichte einer deutschen Musterbühne (Düsseldorf 1888, jetzt Stuttgart, Cotta). — Genast, R., Aus Weimars klass. u. nachklass. Zeit (Stuttgart o. J., Lutz). — Genée, R, Lehr= und Wanderjahre (Berlin 1882, Hofmann & Co.) — Derselbe, 100 Jahre des Kgl. Schauspiels in Berlin (Berlin 1886, Hofmann & Co.). — Gesellschaft f. Theatergeschichte (Berlin 1902 ff., O. Elsner): daraus: Legband=Schmid, Chronologie; Glossy, Schreyvogels Tagebücher; Stein, Deutsche Schauspieler des 18. u. 19. Jahrh. in Bildnissen; R. M. Werner, Galerie von deutsch. Schauspielern. — Grandaur, Chronik d. Kgl. Hof= u. National=Theaters München (München 1878, Th. Ackermann). — Hartmann, Fr., 6 Bücher braunschweig. Theatergesch. (Wolfenbüttel 1905, Zwißler). — Herrmann, M., Forschungen z. deutsch. Theatergesch. (Berlin 1914, Weidmann). — Jacobsohn, S, Theater der Reichshauptstadt (München 1904, Langen). — Ders., Max Reinhardt (Berlin 1910, Reiß). — Körting, G., Griech. u. röm. Theater (Paderborn 1897, Schöningh). — Krauß, Rud., Das Stuttgarter Hoftheater (Stuttgart 1908, Metzler). — Küstner, K. Th. v., 34 Jahre meiner Theaterleitung (Leipzig 1853, Brockhaus) antiqu. — L'Arronge, Ad., Deutsches Theater u. deutsche Schauspielkunst (1896, jetzt 2. Aufl. Berlin, Concordia). — Laube, H., Dramaturg. Schriften (Leipzig o. J., Max Hesse) Lessing, G. E., Hamburgische Dramaturgie, erläutert v. Petersen (Berlin, Bong). — Liebscher, O., Dingelstedt in München (Halle 1909, Pelzow). — Littmann, M., Münchener Künstlertheater (München 1908, Werner). — Ders., Das Hoftheater in Stuttgart (Darmstadt 1912, Koch). — Litzmanns Theatergeschichtl. Forschungen (Leipzig 1891 ff., Voß); daraus: Hodermann, Gesch. d. gothaischen Hoftheaters;

Schlösser, Vom Hamburger Nationaltheater z. Gothaer Hofbühne; Ober=
länder, Die geistige Entwickl. d. deutsch. Schauspielkunst im 18. Jahrh.;
Kopp, Klingemanns Bühnenleitung i. Braunschweig; Herz, Engl. Schau=
spiel u. engl. Schauspieler in Deutschland; Groß, Die ält. Romantik u.
d. Theater; Voelcker, Hamlet=Darstellungen des Chodowiecki. — Lothar, R,
Das Wiener Burgtheater (Leipzig 1899, Seemann). — Martersteig, M.,
Die Mannheimer Protokolle (Mannheim 1890, Bensheimer). — Neuen=
dorff, B., Engl. Volksbühne i. Zeitalter Shakespeares (Berlin 1910,
Felber). — Plotke, G., Deutsche Bühne (Frankfurt 1919, Rütten & Loe=
ning). — Proelß, R., Meiningensches Hoftheater(Leipzig 1887, Conrad).
— Ders., Geschichte des Hoftheaters zu Dresden (Dresden 1878, Baensch).
— Rommel, O., Alt=Wiener Volkstheater (Wien o. J., Prohaska). —
Roennecke, R., Dingelstedt in Weimar (Greifswald 1912, Adler). —
Schmidt, Fr. L., Denkwürdigkeiten (Hamburg 1875, Mauke) antiqu. —
Schulze, Fr., 100 Jahre Leipziger Stadttheater (Leipzig 1917, Breit=
kopf & H.) — Smekal, R., Altes Burgtheater (Wien 1916, Schroll & Co.).
— Sonnenfels, J. v., Briefe über die Wienerische Schaubühne 1768
(Wien 1884, Konegen). — Stahl, E. L., Engl. Theater im 19. Jahrh.
(München 1914, Oldenbourg). — Stern=Herald, Reinhardt u. s. Bühne
(Berlin 1918, Eyßler & Co.). — Teuber=Weilen, Die Theater Wiens
(Wien 1899 ff., Gesellsch. f. vervielfältig. Kunst). — „Theater", herausg.
v. Hagemann (Berlin 1904 ff., Schuster & L.); daraus: Stein, Goethe
als Theaterleiter; v. d. Bruck, Théâtre français. — Uhde, H, Das Stadt=
theater in Hamburg (Stuttgart 1879, Cotta) antiqu. — Wahle, J., Das
Weimarer Hoftheater (Weimar 1892, Goethe=Gesellsch.).

Einzelne Persönlichkeiten. Was sich in der „Allgem. Deutschen
Biographie", im Biograph. Jahrbuch, in Zeitschriften (z. B. „Bühne
u. Welt") und in Almanachen an Lebensläufen und Nachrufen an=
gesammelt hat, kann hier nicht listenmäßig erwähnt werden, weil es
entweder unerschwinglich teuer oder antiquarisch höchst selten käuflich
ist. In den zugänglichen Almanachen der „Genossenschaft" stehen Jahr
für Jahr Würdigungen, ab und zu auch eine allerbester Herkunft wie
etwa diejenige Josef Lewinskys von Jacob Minor (1899). Ich gebe
unten überall Anmerkungen, wo ein Sammeltitel gebraucht ist. Die
vorige (Epochen=)Liste greift vielfach in diese herüber. Eine ausge=
zeichnete Übersicht über Biographien gibt Landsberg in seinem Thea=
terkalender 1912.

Altman, G., Laubes Prinzip der Theaterleitung (Dortmund 1908, Ruh=
fus). — Anschütz, H., Erinnerungen (Leipzig, Reclam). Gleichzeitig Ge=
schichte des Burgtheaters von der Schreyvogelzeit bis in die Laubesche.
— Bab, J., Kainz und Matkowsky (Berlin 1912, Oesterheld). — Bab=
Handl, Deutsche Schauspieler (Berlin 1908, Oesterheld). Bab behandelt
die Norddeutschen: Matkowsky, Engels, Vollmer, Bassermann, Sauer,

Reicher, Rittner, Else Lehmann, Nanßler, Moissi. Handl die Österreicher: Girardi, Hansi Niese, Sonnenthal, Kainz, Medelsky, Baumeister, E. Hart=mann, Maran, Tyrolt, Lewinsky, Krastel. — Barnay, L., Erinnerungen (Berlin 1903, Fleischel & Co.). — Bauer, Karol., Aus meinem Bühnen=leben (Weimar 1917, Kiepenheuer). — Bettelheim=Gabillon, Hel., Amalie Haizinger u. Louise Schönfeld (Wien 1906, Konegen). — Dies., Ludw. Gabillon (Wien 1900, Hartleben). — Brahm, O., Kainz (Berlin 1910, Fleischel & Co.). — Burgtheater=Dekamerone (Pest 1880, Hartleben). Burgschauspieler erzählen charakteristische Anekdoten aus ihrer Lauf=bahn. Vertreten ist groß und klein; außer dem Kreis, dem das Spei=delsche Buch Ehre widerfahren läßt, noch: E. Hartmann, Arnsburg, L. Röckel, Schöne, Janisch, Robert, Straßmann, Reusche, Kupfer, Thimig, Wessely. — Christ, J. A., Schauspielerleben i. 18. Jahrh. (Ebenhausen 1912, Langewiesche). — Devrient, Ther., Jugenderinnerungen (Stutt=gart 1905, Krabbe). Zu Ed. Devrients Ehren. — Drach, E., Tiecks Bühnenreform (Berlin 1909, Trenkel). — Eisenberg, L., Lexikon d. deutsch. Bühne i. 19. Jahrh. (Leipzig 1903, List). Sehr reichhaltig, streift das 18. Jahrh. in Einzelbiographien und verzeichnet dann die 1. Fächer an großen und mittleren Bühnen bis 1900. Die Angaben täuschen leider häufig; nicht zuletzt, weil die Beiträger sich jünger gemacht haben als sie sind. — Fontane, Th., Causerien über Theater (Berlin 1905, Fon=tane & Co). Treffsicher und amüsant. Besonderes über Döring, Liedtcke, M. Seebach, Hedw. Niemann, Cl. Ziegler, Paul Conrad, Matkowsky, Adel. Ristori, Rossi. — Frenzel, K., Berlin. Dramaturgie. 2. Bd. (Erfurt o. J., Bartholomäus). Freundliche Skizzen zu Auguste Crelinger, Da=wison, Dessoir, M. Seebach, Clara Ziegler, Adel. Ristori, Rossi. — Funck, J., Iffland und Ludw. Devrient (Leipzig 1838, Brockhaus) antiqu. — Gaehde, Chr., Garrick als Shakespeare=Darsteller (Berlin 1904, Reimer). — Gensichen, O. F., Berliner Hofschauspieler (Berlin 1872, Grosser) antiqu. Nicht sehr farbig, aber doch sachlich: Dessoir, Luise Erhardt, Berndal, Johanna Jachmann=Wagner, Liedtcke, Buska, Döring, Frieb=Blumauer. — Gensichen, O. F., Marie Seebach=Memoiren (Charlotten=burg 1900, Simson). — Gesellschaft f. Theatergeschichte (Berlin 1902 ff., Elsner); daraus: Geiger, Ifflandbriefe; Stümcke, Briefe d. Sophie Schröder; Weilen, Costenobles Tagebücher; Stümcke, Henriette Sontag; Groß, J. F. Fleck; Benezé, Carol. Schulze=Kummerfeld. — Gregori, F., Maskenkünste (München 1913, Callwey). Charakteristiken von H Laube, Sonnenthal, Kainz, Gerh. Hauptmann als Regisseur, Shakespeare vom Schauspielerstandpunkte aus. — Ders., Bernhard Baumeister (Berlin 1902, Goje & Tetzlaff). — Grube, M., Jugenderinnerungen eines Glücks=kindes (Leipzig 1917, Grethlein & Co.). — Ders., Am Hofe der Kunst (ebenda 1918). — Ders., Matkowsky (Berlin 1909, Paetel). — Guglia, E., Mitterwurzer (Wien 1896, Gerold) — Haase, Fr., Was ich erlebte (Berlin 1898, Bong). — Harden, M., Köpfe I u. II (Berlin 1910/11, Reiß). Besonders liebevoll behandelt sind: Charlotte Wolter, Alb. Nie=mann, Mitterwurzer und Matkowsky — Heine, C., Johannes Velten (Halle 1887, Niemeyer). — Houben, H., Emil Devrient (Frankfurt a. M.

1903, Rütten & Loening). — Jacobs, M., Deutsche Schauspielkunst (Leip-
zig 1913, Insel). Rollenkritiken von Ekhof bis Moissi. — Jacobsohn, S.,
Oskar-Sauer-Gedenkbuch (Berlin 1916, Oesterheld). — Iffland, A. W.,
Meine theatral. Laufbahn (Leipzig, Reclam). — Der junge Kainz; Briefe
an seine Eltern (Berlin 1912, S. Fischer). — Kilian, E., Dramaturg.
Blätter (München 1905/14, Müller). Schöne Würdigungen Schreyvogels,
Klingemanns, Ed. Devrients, Laubes, d. Herzogs v. Meiningen.—Laudau, P.,
Mimen (Berlin 1912, Reiß). Leicht hingeworfene ansprechende Skizzen:
Ekhof, Schröder, Fleck, L. Devrient, Seydelmann, Wilh. Schröder-Devrient,
Döring, Dessoir, Wolter, Mitterwurzer, Matkowsky, Kainz. — Lands-
berg-Rundt, Theaterkalender 1910/13 (Berlin, Oesterheld); 1914 (Berlin,
Meyer & Jessen), für alle Epochen und viele Persönlichkeiten ergiebig. —
Lichtenberg, G. Chr., Ausgewählte Schriften (Leipzig, Reclam). Die
Briefe an Boie enthalten ausgezeichnete Schilderungen Garrickscher Kunst-
übung. — Lindau, P., Nur Erinnerungen (Stuttgart 1916/17, Cotta).
Das Theater nimmt nur einen mäßigen Raum ein, aber es strahlt über
das ganze Buch. Die großen Letter Laube, Dingelstedt, Wilbrandt, Her-
zog Georg und von den Darstellern besonders die Komiker sind mit
Dichter- und Journalistenaugen erfaßt. Vieles, wie die Pariser Tann-
häuser-Première, wird dauernden Wert haben. — Litzmann, B., Fr. L.
Schröder. Unvollendet (Leipzig 1890/94, Voß). — Ders, Schröder und
Gotter (Leipzig 1887, Voß). — Ders., Theatergeschichtl Forschungen (Leip-
zig 1891 ff., Voß); daraus: Schlosser, Fr. W. Gotter; Hans Devrient,
Joh. Fr. Schönemann; Heitmüller, Adam S. Uhlich; Bitterling, Joh.
Fr. Schink; Knudsen, Heinrich Beck; Richter, Schauspieler-Charakteristiken
(vom Burgtheater: Baumeister bis Albert Heine). — Lothar-Stern, 50
Jahre Hoftheater (Wien 1900, Verlags-Expedition). Behandelt groß und
klein der beiden Wiener Hoftheater. — Martersteig, M., P. Alex Wolff
(Leipzig 1879, Fernau) antiqu. — Meyer, F. L. W., Friedr. Ludw.
Schröder (Hamburg 1819/23, Hoffmann & Campe) antiqu. — Possart,
E. v., Erstrebtes und Erlebtes (Berlin 1915, Mittler). — Reden-Esbeck,
Fr. J. v., Caroline Neuber (Leipzig 1881, Barth) antiqu. — Rötscher, H. Th.,
Seydelmann (Berlin 1845, Duncker) antiqu. — Sonnenthal, Ad. v.,
Briefwechsel (Stuttgart 1912, Deutsche Verlagsanstalt). — Sontag, C,
Vom Nachtwächter z. türk. Kaiser. 4. Aufl. (Hannover 1878, Helwing). —
Speidel, L., Schauspieler (Berlin 1911, Meyer & Jessen). Mit feinster
Kunst geprägte Medaillen. Vom Burgtheater: Dawison, Rettich, La Roche,
Fichtner, Meixner, Baumeister, Anschütz, Wagner, Hallenstein, Sonnen-
thal, Wolter, Lewinsky, Barsescu, Haizinger, Bonn, Krastel, Gabillon,
Sandrock, Mitterwurzer, Kainz, Hel. Hartmann, G. Engels, Hohenfels.
Außerdem die Meininger, Cl. Ziegler, Rossi, Salvini, Coquelin, Sarah
Bernhardt, Münchener Gesamtgastspiel. — Spemanns Gold. Buch des Thea-
ters. 2. Aufl. (Stuttgart 1912, Spemann) bietet wenn auch keine lücken-
lose, so doch eine sehr umfangreiche Galerie deutscher Schauspieler in
Bild u. Daten; von den ersten Regungen bis nahe an die Gegenwart. —
Teuber-Weilen, Die Theater Wiens (Wien 1899 ff., Gesellsch. f. vervielfält.
Kunst). Sehr kostspieliges, verschwenderisch ausgestattetes Monumental-

werk, aber ebenso kostbaren Inhalts; führt das Wiener Theaterwesen von den ersten Anfängen bis nahe an die Gegenwart heran, übergeht keine irgendwie bedeutsame Theaterpersönlichkeit. — „Theater", herausgeg. v. Hagemann (Berlin 1904 ff., Schuster & Loeffler); daraus: Litzmann, Schröder; Lothar, Sonnenthal; Gregori, Kainz; Stein, Matkowsky; Regener, Jffland; Hagemann, Schröder-Devrient; David, Mitterwurzer. — Thomas, E., 40 Jahre Schauspieler (Berlin 1895—97, C. Duncker). — Tieck, Fr., Dramaturg. Blätter, 1. Bd. (Breslau 1826, Mert & Co.) enth. Studie über F. Eßlair. — Tyrolt, R., Allerlei von Theater u. Kunst (Wien 1909, Braumüller). Über Laube viel Lebendiges; Jos. Gallmeyer, Baumeister, Meixner, Theod. Lobe, Martinelli zeichnen sich ab. Sonst Persönliches in bunter Anordnung. — Uhde, H., Konr. Ekhof (Der neue Plutarch IV, Leipzig 1876, Brockhaus). — Wilbrandt, Ad., Erinnerungen (Stuttgart 1905, Cotta). Außer dem Burgtheaterkreis des Speidelschen Buches noch Schöne, Auguste Baudius, Zerline Gabillon, Laube, Dingelstedt, Förster; Thimig, die Gallmeyer, Girardi, Ascher, Fanny Elßler. — Zabel, E., Theatergänge (Berlin 1908, Hofmann & Co.). Garrick und Schröder werden verglichen; Hedw. Niemann und die Rachel einzeln geschildert. Die übrigen Aufsätze sind einzelnen Dramen und Theaterepochen gewidmet. — Ders., Zur modernen Dramaturgie (Oldenburg 1905, Schulze). Künstlerporträts von Charl. Wolter, Mitterwurzer, Sonnenthal, Baumeister, Haase, Barnay, Engels, Vollmer, Matkowsky, Kainz, L'Arronge, Alb. Niemann; Adel. Ristori, Rossi, Salvini, El. Duse, Emanuel, Tina di Lorenzo, Zacconi, Novelli; Coquelin, Sarah Bernhardt, Antoine u. andere Franzosen.

Dramaturgie und Theaterästhetik. Auf Dichterbiographien, die oft auch dramaturgisch ergiebig sind, habe ich aus räumlichen Gründen verzichtet, ebenso auf Kritikensammlungen, obgleich ich wohl weiß, wieviel Fruchtbares darin steckt. Wenn ich trotzdem derlei Äußerungen von Rötscher und Bulthaupt aus der älteren Zeit, von Kerr und Jacobsohn aus der Gegenwart nenne, so will ich mehr die Grenzen des Gebietes bezeichnen als das Gebiet selbst durchqueren. Ich verweise auch auf die ganz am Schlusse empfohlenen Zeitschriften, die recht gut orientieren.

Bab, J., Der Mensch auf der Bühne (Berlin 1911, Oesterheld). — Ders., Kritik der Bühne (ebenda 1908). — Ders., Nebenrollen (ebenda 1913). Erziehungsfibel ersten Ranges. — Ders., Die Frau als Schauspielerin (ebenda 1915). — Ders., Wille zum Drama (Berlin 1919, Oesterheld). Berger, A. v., Meine Hamburgische Dramaturgie (Wien 1910, Reißers Söhne). — Birk, K., Kleists Zerbrochener Krug (Prag 1910, Vellmann) mit vortrefflichen Bühnenanweisungen. — Ders., Kleists Guiscard (Prag o. J., Calve) mit vortreffl. Bühnenanweisungen. — Bulthaupt, H., Dramaturgie des Schauspiels. 4 Bde. (Oldenburg 1882 ff., Schulze). — Devrient, Ed., Das Nationaltheater d. neuen Deutschlands (Leipzig 1849,

J. J. Weber) antiqu. — Eulenberg, H., Leben für die Bühne (Berlin 1919, Br. Caſſirer). — Ernſt, P., Der Weg zur Form. 2. Aufl. (Leipzig 1913, Inſel). — Derſ., Credo (Berlin 1912, Meyer & Jeſſen). — Falkenfeld, H., Sinn der Schauſpielkunſt (Charlottenburg 1918, F. Lehmann). — Freytag, G., Die Technik d. Dramas. 2. Aufl. (Leipzig 1872, Hirzel). — Geſellſchaft f. Theatergeſchichte (Berlin 1902 ff., Elsner); daraus: Stümcke, Fortſetzungen und Nachahmungen zum „Nathan"; Weilen, Laubes Theaterkritiken u. dramat. Außerungen; Winds, Hamlet auf d. deutſchen Bühne; Lewinskys kleine Schriften; Rullmann, Bearbeitungen v. Schillers „Räubern"; M. Grube, Seydelmanns Rollenhefte. — Goethe, J. W. v., Wilhelm Meiſters Lehrjahre (Leipzig, Reclam). — Gregori, F., Schaffen des Schauſpielers (Berlin 1899, Dümmler). — Derſ., Schauſpieler=Sehnſucht (München 1903, Callwey). — Derſ., Maskenkünſte (ebenda 1913). — Derſ., Selbſtverſtändliches und Nachdenkliches aus einer Theaterleitung (ebenda 1913). — Hagemann, C., Regie. 5. Aufl. (Berlin 1919, Schuſter & Loeffler). — Derſ., Der Mime. 4. Aufl. (ebenda 1918). — Harlan, W., Schule des Luſtſpiels (Berlin 1903, Ed. Bloch). — Hebbels Dramaturgie, ausgew. v. Scholz (München 1907, Müller). — Heine, C., Herren und Diener der Schauſpielkunſt (Hamburg 1905, Kriebel). — Jacobſohn, S., Jahr der Bühne. 7 Bde (Berlin 1912 ff., Oeſterheld). — Kayßler, F., Schauſpieler=Notizen. 2 Bde. (Berlin o. J., Reiß). — Kerr, A., Die Welt im Drama (Berlin 1917, S. Fiſcher). — Kilian, E., Dramaturg. Blätter. 2 Bde. (München 1905/14), Müller). — Derſ., Goethes Fauſt auf der Bühne (ebenda 1907). — Derſ., Schillers Wallenſtein auf der Bühne (ebenda 1908). — Kleiſts, Grillparzers, Immermanns, Grabbes Dramaturgie, ausgew. v. Scholz (ebenda 1912). — Kutſcher, A., Die Ausdruckskunſt der Bühne (Leipzig 1910, Eckardt, jetzt bei Oldenburg & Co., Leipzig). — Lebede, H., Klaſſiſche Dramen auf der Bühne (Leipzig 1916, Teubner). Leſſing, G. E., Kleinere Schriften z. dramat. Poeſie (Hempelſche Ausg. Bd. XI, 1). — Litzmann, B., Theatergeſchichtl. Forſchungen (Leipzig 1891 ff., Voß); daraus: Winter-Kilian, Bühnengeſchichte des „Götz"; Stiehler, Das Ifflandſche Rührſtück; Diebold, Rollenfach im 18. Jahrh. — Lohmeyer, W., Dramaturgie der Maſſen (Berlin 1913, Schuſter & Loeffler). — Ludwig, O., [Shakeſpeare=]Studien (Leipzig 1891, Grunow). — Michael, Fr., Die Anfänge der Theaterkritik in Deutſchland (Leipzig 1918, Haeſſel). — Marterſteig, M., Der Schauſpieler (Jena 1900, Diederichs). — Modes, Th., Zum Kunſt= und Idealtheater (Leipzig 1917, Breitkopf & H.) — Peterſen, Jul., Schiller u. die deutſche Bühne (Berlin 1904, Mayer & Müller). — Petſch, R., Deutſche Dramaturgie von Leſſing bis Hebbel (München 1912, G. Müller). — Rötſcher, H. Th., Die Kunſt der dramat. Darſtellung. 3 Bde. 2. u. 1. Aufl. (1. Leipzig 1864, O. Wigand; 2., 3. Berlin 1844/46, W. Thome) antiqu. — Derſ. Dramaturg. und äſthet. Abhandlungen (Leipzig 1867, Fleiſcher). — Derſ., Entwicklung dramat. Charaktere an Leſſing, Schiller, Goethe (Hannover 1869, Rümpler). — Derſ., Shakeſpeare in ſ. höchſt. Charaktergebilden (Dresden 1864, Meinhold). — Derſ., Philoſophie der Kunſt (Berlin 1837, Duncker & Humblot und Berlin

1840/42, W. Thome) antiqu. — Derſ., Kritiken und dramaturg. Ab=
handlungen (Leipzig 1859, Engelmann). — Savits, J , Shakespeare u
d. Bühne d. Dramas (Bonn 1917, Cohen). — Schillers Dramaturgie,
ausgew. v. Falkenberg (München 1909, Müller). — Schink, J. Fr.,
Brockmanns Hamlet (Berlin 1778, Weber) antiqu. — Scholz, W. v.,
Gedanken zum Drama. 2 Bde. (München 1905/15, Müller). — Shakeſpeare=
Jahrbuch (Shakeſpeare=Geſellſch., Weimar). — Strindberg, A., Drama=
turgie (München 1911, Müller). — „Theater", herausgeg. v. Hagemann
(Berlin 1904 ff., Schuſter & Loeffler); daraus: Hagemann, Aufgabe des
modernen Theaters. — Wagner, R., Deutſche Kunſt und deutſche Poli=
tik. Geſ. Werke. 3. Aufl. Bd. 8 (Leipzig 1897 ff., Fritzſch) — Derſ., Ent=
wurf zur Organiſation eines Deutſch. Nationaltheaters. Geſ. Werke. Bd. 2.
— Derſ., Über Schauspieler und Sänger. Geſ. Werke. Bd. 9. — Derſ.,
Oper und Drama. Geſ. Werke. Bd. 3, 4. — Werder, C., Vorleſungen
über Hamlet, Macbeth, Wallenſtein, Nathan (Berlin 1885 ff., Fleiſchel).

Das Maleriſche am Theater. Dekorationsſkizzen und Figurinen,
deren heute Tauſende exiſtieren, finden leider den Weg über die ein=
zelne Stadt hinaus nur ſelten; es ſei denn auf photographiſche Art,
wobei dann wiederum der farbige Zauber verloren geht. Die „Klaſ=
ſiker" des Berliner Deutſchen Theaters zeigen dieſe Entzauberung ſehr
deutlich, und eine bunte Veröffentlichung der Stuttgarter Bühne,
dann ein Prachtwerk von Walſer über Berliner Inſzenierungen und
der Privatdruck über das Ballett „Die grüne Flöte" ſind für den
Schauſpieler zu koſtſpielig. Auch Lenzens „Soldaten" und Büchners
„Dantons Tod" nach Reinhardts Inſzenierung mit handkolorierten
Skizzen von Ernſt Stern, die mit Glück neue Pfade weiſen, ſind be=
reits vergriffen. Trachtenkunden größeren Formats kommen ebenfalls
wegen ihres Kaufpreiſes hier nicht in Betracht, ſo daß ich mich auf
die Fibeln von Köhler und Quincke und auf die Münchener
Bilderbogen beſchränke. Boehn=Fiſchel geben, ſehr wohl er=
ſchwinglich, an Stelle neutraler Figurinen gleich Gemälde und können
nicht warm genug empfohlen werden. Auch in Stern=Heralds und
Plotkes Büchern wie in der Zeitſchrift „Szene" kommt Umwelt im
maleriſchen Sinne zur Geltung. — Hiſtoriſch behandelt die Architektur
und Inneneinrichtung des Theaters Manfred Semper; meiſterhaft.
Da die Drehbühne ein Schrittmacher maleriſcher Errungenſchaften ge=
weſen iſt, wird ſie hier auch verzeichnet und als primitivere Löſung von
Dekorationsproblemen ſogar die Baukaſtenbühne Dimmlers. Es ſei
nicht vergeſſen, daß der Franzoſe Appia und der Engländer Craig
unſere heutigen Stiliſierungs=beſtrebungen weſentlich gefördert haben.

Appia, Ad., Die Musik und die Inszenierung (München 1899, Bruckmann). — Boehn und Fischel, Die Mode. 5 Bde. (Ebenda 1907 ff.). — Boehn, M. v., Biedermeier (Berlin o. J., Br. Cassirer). — Ders., Bekleidungskunst u. Mode (München 1918, Delphin-B.). — Buß, G., Kostüm in Vergangenheit u. Gegenwart (Bielefeld 1906, Velhagen). — Craig, E. G., Die Kunst des Theaters (Leipzig 1905, H. Seemann). — Dimmler, H., Die Baukastenbühne (München o. J., Volksbühne). — Gregori, F., Michelangelo nach Gobineau für eine vereinfachte Bühne eingerichtet (Straßburg 1909, Trübner). — Floerke, H., Moden der Renaissance (München 1917, Müller). — Kohlrausch, R., Klass. Dramen u. ihre Stätten (Stuttgart 1903, Lutz). — Köhler, Br., Allgem. Trachtenkunde. 2 Bde. (Leipzig, Reclam). — Kostüme, Zur Geschichte der (München o. J., Braun & Schneider). — Lautenschläger, Die Drehbühne (München, Ackermann). — Lux, Moderne Theaterbeleuchtung (Berlin 1914, Bürenstein). — Plotke, G., Deutsche Bühne (Frankfurt 1919, Rütten & Loening). — Quincke, W., Kostümkunde. 3. Aufl. (Leipzig 1908, J. J. Weber). — Semper, M., Theater (Stuttgart 1904, Kröner). — Stern-Herald, Reinhardt u. seine Bühne (Berlin 1918, Eysler & Co.).

Wirtschaftliches und Rechtliches. Hier ist vor allem auch der „Neue Weg" (siehe Schluß der Listen!) zu nennen, der die harten Kämpfe zwischen Arbeitgebern und Arbeitnehmern spiegelt. Das vom neuen Reich sehnsüchtig erwartete Reichstheatergesetz wird wohl die Bedingungen des Seeligschen Entwurfs noch wesentlich zugunsten der Schauspieler verbessern und die Gegensätze zwischen den aufgeführten Schriften von Baron Putlitz und Gustav Rickelt ausgleichen.

Engel-Reimers, Charl., Die Deutsche Bühne u. ihre Angehörigen (Leipzig 1911, Duncker & Humblot). — Felisch-Leander, Rechtsprechung d. deutsch. Bühnenschiedsgerichts (Berlin 1911, Oesterheld). — Opet, O., Theaterrecht (Berlin 1897, Calvary). — Putlitz, G. v., Theaterhoffnungen (Stuttgart 1909, Deutsche Verlagsanstalt). — Rickelt, G., Schauspieler und Direktoren (Berlin-Lichterfelde 1910, Langenscheidt). — Seelig, L., Reichstheatergesetz (Mannheim o. J., Bensheimer).

Sprache und Sprechen. Sprachgefühl ist etwas Überkommenes, Eingeborenes, kann aber vertieft und erweitert werden durch Lektüre und Unterhaltung. Nicht nur Dichtungen helfen dazu, auch wissenschaftliche und politische Prosa kräftigt. Unsere alten vielgeschmähten Schullesebücher sind voll von guten Beispielen. Eine neuere Sammlung dieser Art ist die „Meisterprosa" von Ed. Engel. Wer Lust hat, zu den Elementen zurückzugehen und doch für die rein germanistischen

Lehrbücher nicht Ruhe und Vorbildung genug mitbringt, löste von den populären Schriftchen Sütterlins, Weises, Fr. Kluges, W. Fischers, Wasserziehers und dem von Söhns. In die poetische Formung der Sprache führen Müller-Freienfels und Stejskal fürs erste ein; später mag man sich an Lehmanns Poetik und Sarans Verslehre (beide bei Beck in München erschienen) oder gar an Minors „Neuhochdeutsche Metrik" wagen (Straßburg, Trübner). Ed. Engels „Stilkunst" liest sich leicht und bringt für bös und gut des deutschen Satzbaus ergötzliche und einleuchtende Belege.

Hunderte von Büchern wollen das Sprechen lehren, indem sie aberhunderte von Sprachfehlern aufdecken. Nur mündliche Unterweisung kann aber zum Ziele führen, und der geschickte Lehrer wird für jeden Schüler besondere Übungen erfinden. Für Laut-, Wort- und erste Satzbildung genügen die Heftchen von Krumbach-Balzer und Volbach; dann greife man gleich in die echte Dichtung hinein, schon um des Sprachrhythmus willen, der den zusammengestoppelten Fibelsätzen der Sprechlehrer meist fehlt, und der doch von Anfang an gepflegt werden muß. Grimmsche Märchen, Hebels Schatzkästlein, eine Gedichtsammlung vornehmer Herkunft, die dramatischen Beispiele in der Windsschen „Technik" sind gute Pioniere zum Sprechausdruck. Ein paar Heftchen wie die von Seydel und Geißler und die „Bühnenaussprache" von Siebs leiten zu leichtverständlichen Übungen an und lehren auf das Kleine achten, das so wichtig ist. Die Rutzsche Theorie der Rumpfmuskeleinstellung macht die Verwandlungsfähigkeit des Künstlers fast körperlich klar, und Auerbachs „Mimik" enthält Weisungen, um Leib und Glieder den inneren Vorstellungen anzupassen. Als grundlegendes Werk ist J. J. Engels breit angelegtes Werk, auch dank seinen schönen Kupfern, noch gut lesbar.

Auerbach, A., Mimik (Berlin 1909, Reiß). — Devrient, Ed., Über Theaterschule (Berlin 1840, Jonas) antiqu. — Engel, Ed., Deutsche Stilkunst. 24. Aufl. (Leipzig 1914, Freytag). — Ders., Deutsche Meisterprosa. 2. Aufl. (Braunschweig 1913, Westermann). — Engel, J. J., Ideen zu einer Mimik. Bd. 7 u. 8 der Schriften (Berlin 1801—06, Mylius). — Fischer, W., Die deutsche Sprache von heute (Leipzig 1914, Teubner). — Geißler, E., Rhetorik. 2 Bde. (Leipzig 1914, Teubner). — Kluge, Fr., Wortforschung u. Wortgeschichte (Leipzig 1912, Quelle & Meyer) — Köhler, Fr., Fremdwörterbuch (Leipzig, Reclam). — Krumbach-Balzer, Sprich laut rein! (Leipzig 1917, Teubner). — Müller-Freienfels, R., Poetik (ebenda 1913). — Rutz, O., Neue Entdeckungen von der menschlichen Stimme (München 1908, Beck). — Seydel, M., Elemente der Stimmbildung

(Leipzig 1910, Roßberg). — Siebs, Th., Deutsche Bühnenaussprache. 9. Aufl.
(Bonn 1910, Ahn). — Söhns, Fr., Wort und Sinn (Leipzig 1911,
Teubner). — Stejskal, K., Deutsche Verslehre (Wien 1906, Manz). —
Sütterlin, L., Lautbildung. 2. Aufl. (Leipzig 1916, Quelle & Meyer). —
— Ders., Werden und Wesen der Sprache (ebenda 1913). — Volbach, F.,
Kunst d. Sprache (Mainz o. J., Schott). — Wasserzieher, E., Woher?
Etymolog. Wörterbuch (Berlin 1918, Dümmler). — Weise, O., Mutter-
sprache. 8. Aufl. (Leipzig 1912, Teubner). — Ders., Mundarten (ebenda
1910). — Ders., Ästhetik d. deutsch. Sprache. 4. Aufl. (ebenda 1915). —
Ders., Deutsche Sprach- u. Stillehre. 3. Aufl. (ebenda 1910). — Winds, Ad.,
Technik der Schauspielkunst (Dresden 1905, Minden).

Zeitschriften.

Die Szene. Monatsschrift der Vereinigung küstler. Bühnenvorstände (Charlottenburg, Vita).

Das junge Deutschland. Monatsschrift (Berlin, Reiß).

Masken. Halbmonatsschrift (Düsseldorf, Schauspielhaus).

Der Zwinger. Halbmonatsschrift (Dresden, Waldheim & Co.).

Der Neue Weg (Berlin, Deutsche Bühnengenossenschaft).

Die deutsche Bühne (Berlin, Oesterheld).

Aus Natur und Geisteswelt

Sammlung wissenschaftlich-gemeinverständlicher
Darstellungen aus allen Gebieten des Wissens

Jeder Band ist
einzeln käuflich

600 Bände

Kartoniert M. 1.60,*)
gebunden M. 1.90*)

Verlag B. G. Teubner in Leipzig und Berlin

Verzeichnis der bisher erschienenen Bände innerhalb der Wissenschaften alphabetisch geordnet
Werke, die mehrere Bände umfassen, auch in einem Band gebunden erhältlich

I. Religion, Philosophie und Psychologie.

*) Hierzu Teuerungszuschläge des Verlags und der Buchhandlungen.

ANuG 1 19. 600 T.

Mission, Die evangelische. Geschichte. Arbeitsweise. Heutiger Stand. B. Pastor S. Baubert. (Bd. 406.)

Mystik in Abendlanum u. Christentum. B. Prof. Dr. Edv. Lehmann. 2. Aufl. B. Berf. durchges. übersetzt. v. Anna Grundtvig geb. Quittenbaum. (Bd. 217.)

Mythologie, Germanische. Von Prof Dr. J. von Negelein. 3. Aufl. (Bd. 95.)

Naturphilosophie, Die moderne. B. Priv.-Doz. Dr. J. M. Verweyen. 2. A. (491.)

Palästina und seine Geschichte. Von Prof. Dr. H. Frh. v. Soden. 4. Aufl. Mit 1 Plan von Jerusalem und 3 Ansichten des Heiligen Landes. (Bd. 6.)

— B. u. s. Kultur in 5 Jahrtausenden. Nach d. neuest. Ausgrabgn. u. Forschgn. dargest. von Prof. Dr. P. Thomsen. 2., neubearb. Aufl. M. 37 Abb. (260.)

Paulus, Der Apostel, u. sein Werk. Von Prof. Dr. E. Vischer. (Bd. 309.)

Philosophie, Die. Einführ. i. d. Wissensch., ihr Wes. u. ihre Probleme. Von Oberrealschuldir. H. Richert. 3. Afl. (186.)

— Einführung in die Ph. Von Prof. Dr. R. Richter. 4. Aufl. von Priv.-Doz. Dr. M. Brahn. (Bd. 155.)

— Führende Denker. Geschichtl. Einleit. in die Philosophie. Von Prof. Dr. J. Cohn. 4. Aufl. Mit 6 Bildn. (Bd. 176.)

— Die Phil. d. Gegenw. in Deutschland. B. Prof. Dr. O. Külpe. 6. Aufl. (41.)

Poetik. Von Dr. R. Müller-Freienfels. (Bd. 460.)

Psychologie, Einführ. i. d. Ps. B. Prof. Dr. E. von Aster. 2. Afl. M. 4 Abb. (492.)

— Psychologie d. Kindes. B. Prof. Dr. R. Gaupp. 4. Aufl. M. 17 Abb. (213/214.)

— Psychologie d. Verbrechers. (Kriminalpsychol.) B. Strafanstaltsdir. Dr. med. P. Pollitz. 2. Aufl. M. 5 Diagr. (Bd. 248.)

— Einführung in die experiment. Psychologie. Von Prof. Dr. R. Braunshausen. 2. Afl. M. 17 Abb. i. T. (484.)

— s. auch Handschriftenbeurteilg., Hypnotismus u. Sugg., Mechanik d. Geistesleb., Poetik, Seele d. Menschen, Veranlag. u. Vererb., Willensfreiheit; Pädag. Abt. II.

Reformation siehe Calvin, Luther.

Religion, Die Stellung der R. im Geistesleben. Von Konsistorialrat Lic. Dr. P. Kalweit. 2. Aufl. (Bd. 225.)

— Relig. u. Philosophie im alten Orient. Von Prof. Dr. E. von Aster. (Bd. 521.)

— Einführung in die Relig.-Geschichte. Von Prof. D. Dr. K. Beth. (Bd. 658.)

— Die nichtchristlichen Kulturreligionen in ihrem gegenwärtigen Zustand. Von Prof. Dr. C. Clemen. (Bd. 583.)

— Die Religion der Griechen. Von Prof. Dr. E. Samter. M. Bilderanh. (Bd. 457.)

— hellenistisch-röm. Religionsgesch. Von Hofpredig. Lic. A. Jacoby. (Bd. 584.)

Religion, D. Grundzüg. d. israel. Religionsgesch. B. Prof. D. Fr. Giesebrecht. 3. A. B. Prof. D. A. Bertholet. (52.)

— Religion u. Naturwissensch. in Kampf u. Fried. Geschichtl. Rückbl. B. Pfarr. Dr. A. Pfannkuche. 2. A. (Bd. 141.)

— Die relig. Strömungen der Gegenwart. B. Sup. D. A. H. Braasch. 3. A. (66.)

— s. a. Bergson, Buddha, Calvin, Christentum, Luther.

Rousseau. Von Prof. Dr. P. Hensel. 3. Aufl. Mit 1 Bildnis. (Bd. 180.)

Schopenhauer, Seine Persönlich., s. Lehre, s. Bedeutg. B. Oberrealschuldir. H. Richert. 3. Aufl. Mit 1 Bildnis. (Bd. 81.)

Seele des Menschen, Die. Von Geh. Rat Prof. Dr. J. Rehmke. 4. Aufl. (Bd. 36.)

— siehe Leib u. Seele, auch Psychologie.

Sexualethik. Von Prof. Dr. H. E. Timerding. (Bd. 592.)

Sinne d. Menschen, D. Sinnesorgane und Sinnesempfind. B. Hofr. Prof. Dr. J. J. Kreibig. 3., verb. A. M. 30 Abb. (27.)

Sittl. Lebensanschauungen d. Gegenwart. B. Geh. Kirchenr. Prof. D. O. Kirn. 3. A. B. Prof. D. Dr. O. Stephan. (177.)

— s. a. Ethik, Sexualethik.

Spencer, Herbert. Von Dr. R. Schwarze. Mit 1 Bildnis. (Bd. 245.)

Staat und Kirche in ihrem gegenseitigen Verhältnis seit der Reformation. Von Pfarr. Dr. A. Pfannkuche. (Bd. 485.)

Sternglaube und Sterndeutung. Die Geschichte u. d. Wes. d. Astrolog. Unt. Mitw. b. Geh. Rat Prof. Dr. C. Bezold dargest. v. Geh. Hofr. Prof. Dr. Fr. Boll. 2. Aufl. M. 1 Sterntf. u. 20 Abb. (Bd. 638.)

Suggestion s. Hypnotismus.

Testament, Das Alte. Seine Gesch. u. Bedeutg. B. Prof. Dr. B. Thomsen. (609.)

— Neues. Der Text n. R. L. nach s. geschichtl. Entwickl. B. Div.-Pfarr. Prof. Liz. A. Bott. 2. Afl. M. Taf. (Bd. 184.)

Theologie. Einführung in die Theologie. Von Pastor M. Cornils. (Bd. 347.)

Veranlagung u. Vererbung, Geistige. B. Dr. Phil. et med. R. Sommer. (Bd. 512.)

Urchristentum siehe Christentum.

Weltanschauung, Griechische. Von Prof. Dr. M. Wundt. 2. Aufl. (Bd. 329.)

Weltanschauungen, D., d. groß. Philosophen der Neuzeit. Von Prof. Dr. L. Busse. 6. Aufl., hrsg. v. Geh. Hofrat Prof. Dr. R. Falckenberg. (Bd. 56.)

Weltentstehung. Entsteh. d. W. u. d. Erde nach Sage u. Wissenschaft. Von Prof. Dr. M. B. Weinstein. 3. Aufl. (Bd. 223.)

Weltuntergang. Untergang der Welt und der Erde nach Sage und Wissenschaft. B. Prof. Dr. M. B. Weinstein. (Bd. 470.)

Willensfreiheit. Das Problem der W. Von Prof. Dr. G. F. Lipps. 2. Afl. (Bd. 383.)

— s. a. Ethik, Mechan. d. Geistesleb., Psychol.

2

Jeder Band kart. M. 1.60 **Aus Natur und Geisteswelt** Jeder Band geb. M. 1.90

Religion u. Philosophie, Pädagogik u. Bildungswesen, Sprache, Literatur, Bildende Kunst u. Musik

II. Pädagogik und Bildungswesen.

III. Sprache, Literatur, Bildende Kunst und Musik.

Jeder Band kart. M. 1.60 **Aus Natur und Geisteswelt** Jeder Band geb. M. 1.90

Sprache, Literatur, Bildende Kunst und Musik — Geschichte, Kulturgeschichte und Geographie

IV. Geschichte, Kulturgeschichte und Geographie.

Jeder Band kart. M. 1.60 Aus Natur und Geisteswelt Jeder Band geb. M. 1.90

Geschichte, Kulturgeschichte und Geographie

Jeder Band fart. M. 1.60 **Aus Natur und Geisteswelt** Jeder Band geb. M. 1.90

Geschichte, Kulturgeschichte und Geographie

Jeder Band kart. M. 1.60 **Aus Natur und Geistewelt** Jeder Band geb. M. 1.90

Geschichte, Kulturgeschichte und Geographie — MathematikNaturwissenschaften und Medizin

Anatomie d. Menschen, Die. B. Prof. Dr. K. v. Bardeleben. 6 Bde. — Jeder Bd. mit zahlr. Abb. (Bd. 418/423.) I. Zelle und Gewebe. Entwicklungsgeschichte. Der ganze Körper. 3. Aufl. II. Das Skelett. 2. Aufl. III. Das Muskel- u. Gefäßsystem 2. Aufl. IV. Die Eingeweide (Darm-, Atmungs-, Harn- und Geschlechtsorgane, Haut). 3. Aufl. V. Nervensystem und Sinnesorgane. VI. Mechanik (Statik u. Kinetik) d. menschl. Körpers (der Körper in Ruhe u. Bewegung). 2. Aufl.

— siehe auch Wirbeltiere.

Aquarium, Das. Von E. W. Schmidt. Mit 15 Fig. (Bd. 335.)

Arbeitsleistungen des Menschen, Die. Einführ. in d. Arbeitsphysiologie. B. Prof. Dr H Boruttau. M.14 Fig. (Bd.539.)

— Berufswahl. Begabung u. Arbeitsleistung in i. gegens. Beziehu Von W. J. Ruttmann. Mit 7U d. 522.)

Arithmetik und Algebra zum unterricht. Von Prof. P Cr d I.: Die Rechnu erchungen 1. Grades mi Unbekannten. Gle Aufl. M. 9 Fig. i. L Arith met. u. geo mentenrechn Lehrsatz. 4. Arzneimittel r Dr D S [ink blot — text obscured]

Befruchtung und Vererbung. Von Dr E. Teichmann. 2. Aufl. M 9 Abb. u. 4 Doppeltafeln. (Bd 70.)

Bewegungslehre i. Mechan., Ausg. a. d. M. I.

Bienen, D. Von Prof. Dr. E. Zander. (Bd. 705.)

BiochemieEinführung in die C in elementarerDarstellung. Von Prof. M. LöbMit 12 Fig. 2. Aufl. o Prof. Dr H riedenthal. (Bd 212.)

Biologie. Allgemeine. Einführ. i. d. Hauptprobleme. organ. Natur B Prof. Dr. H. Miet 2 Aufl. 52 Fig. (Bd. 130.)

—, Experimentelle. Regeneration, Transplantat. nd verwandte Gebiete Von Dr E Lesing. Mit 1 Tafel und 69 Textbildungen. Bd. 337.)

— siehe Abstammungslehre, Bakterien, Befruchtung, Fortpflanzung, Lebewesen, Organismus, Schädlinge, Tiere, Urtiere.

Blumen. Unsere Bl. u. Pflanzen im Garten. Von Prof. Dr. N. Dammer. Mit 69 Bb. (Bd 360.)

— UnsBl Pflanzen i. Zimmer V Prof. Dr. N. Dammer. M. 65 Abb. Bd 359.)

Blut. Der Blutgefäße und Blut und ihre Erkrankungen. Von Prof. Dr. H. Rosin. Mit 18 Abb. (Bd. 312.)

Botanik. B. praktischen Lebens. B Prof. Dr. B. Sivius. M. 24 Abb. Bd. 173.)

siehe Blumen, Lebewesen, Pflanzen, Pilze, Schlinge, Wald; Kolonialbota Tab. Abt. VI.

s. Au u. d. Brille.

e. Einführung in die allg. Gh. P. enra Dr. B Gavink 2. Aufl. zahlr Fig. (Bd 582.)

ührd. d. organ. Chemie: Naturl. Pflanz- u. Tierstoff B S u. ieu B avink 2A 9Abb 187.)

ährig i. d. anorg emie udiert Dr

ährig d. anorg sbeg. 2 Bde.

länische Herstell B. rof. Dr. E

n Abe und Dam 4 Aufl.

a. Chemie, Elektro ; agrikulturch. Tha. Abt. VI

ienkde. Von Chem sler

e. Bl unserer Zeit Fehlr. Mit 52 Abb

smus Abstammungsle Prof J R Helle, 5 tabb

ion. Sterilisation un

Revolution. Geschichte der Französ. R. V Prof. Dr. Th. Bitterauf. 2. Aufl. Mit 8 Bildn. (Bd. 346.)
— 1848. 6 Vorträge. Von Prof. Dr. O. Weber. 3. Aufl. (Bd. 53.)
Rom. Das alte Rom. Von Geh. Reg.-Rat Prof. Dr. O. Richter. Mit Bilderanhang u. 4 Plänen (Bd. 386.)
— Die römische Republik. Von Privatdoz. Dr. A. Rosenberg. (Bd. 719.)
— Soziale Kämpfe i. alt. Rom. V. Privatdozent Dr. L Bloch. 3. Aufl. (Bd. 22.)
— Roms Kampf um die Weltherrschaft. Von Geh. Hofrat Prof. Dr. J. Kromayer. (Bd. 368.)
Geschichte der Römer. Von Prof. Dr. R. v. Scala. (Bd. 578.)
— siehe auch Hellenist.-röm Religionsgeschichte Abt. I: Pompeji Abt. III.
Rußland. Geschichte, Staat, Kultur Von Dr. A. Luther. (Bd. 563.)
Schrift- und Buchwesen in alter und neuer Zeit. Von Prof. Dr. O. Weise. 4. Aufl. Mit 37 Abb. (Bd. 4.)
— s. a. Buch. Wie ein B. entsteht. Abt. VI.
Schweiz. Die. Land, Volk, Staat u Wirtschaft. Von Reg.- u. Ständerat Prof. Dr. L. Wettstein. Mit 1 Karte. (Bd. 482.)
Seekrieg s. Kriegsschiff.
Sitten und Gebräuche in alter und neuer Zeit. Von Prof. Dr. E. Samter. (682.)
Soziale Bewegungen und Theorien bis zur modernen Arbeiterbewegung Von G. Maier. 6. Aufl. (Bd. 2.)
— s. a. Marx. Kom.; Sozialismus. Ab... VI.
Staat. St. u. Kirche in ihr. gegens. Verhältnis seit d. Reformation. V. Pfarrer Dr. phil A. Pfannkuche. (Bd. 185.)
— Dtsche. Städte u. Bürger i. Mittelalter. V. Prof. Dr B. Heil. 3. Aufl. Mit zahlr. Abb. u. 1 Doppeltafel. (Bd. 43.)
— Verfassung u. Verwaltung d. deutschen Städte. V. Dr. M. Schmid. (Bd. 466.)
— s. a. Griech. Städte. Pompeji, usw.
Sternglaube und Sterndeutung. Die Geschichte u. d. Wesen d. Astrologie. Unt. Mitwirk. v. Geh. Rat Prof. Dr. E. Bezold dargest. v. Geh. Hofr. Prof. Dr. Fr. Boll. 2.Aufl.M.1Sterntl.u.20Abb. (638.)
Student. Der Leipzger. von 1409 bis 1909. Von Dr. W. Bruchmüller. Mit 25 Abb. (Bd. 273.)
Studententum. Geschichte d. deutschen St. Von Dr. W. Bruchmüller. (Bd. 477.)

Türkei, Die. V. Reg.-Rat V.R. Kraue. Mit 2 Karten i. Text und auf 1 Tafel. 2. Aufl. (Bd. 469.)
Urzeit i. german. Kultur in der U.
Verfassung. Grundzüge der V. des Deutschen Reiches. Von Geheimrat Prof. Dr. E. Löning. 5. Aufl. (Bd. 34.)
Verfassungsrecht, Deutsches, in geschichtlicher Entwicklung. Von Prof. Dr. Ed. Hubrich. 2. Aufl. (Bd. 80.)
Vermessungs- u. Kartenkunde s. Kartenk.
Volk. Vom deutschen V. zum dt. Staat. Eine Gesch. d. dt. Nationalbewußtseins. V Prof Dr. V. Joachimsen. (Bd.511.)
Völkerkunde, Allgemeine. I: Feuer, Nahrungserwerb, Wohnung, Schmuck und Kleidung. Von Dr. A. Heilborn. M. 64 Abb. (Bd. 487.) II: Waffen u. Werkzeuge, Industrie, Handel u. Geld, Verkehrsmittel. Von Dr. A. Heilborn. M. 51 Abb. (Bd. 488.) III: Die geistige Kultur der Naturvölker. Von Prof. Dr. K. Th. Preuß. M. 9 Abb (Bd. 452.)
Volksbräuche, deutsche, siehe Feste.
Volkskunde, Deutsche, im Grundriß. Von Prof. Dr. E. Reichel. I. Allg.meines, Sprache, Volksdichtung. (Bd. 644.)
— s. auch Bauernhaus, Feste, Sitten, Sternglaub., Volkstracht., Volksstämme.
Volksstämme, Die deutschen, und Landschaften. Von Prof. Dr. O. Weise. 5., völlig umgearb. Aufl. Mit 30 Abb. i. Text u. auf 20 Taf. u. einer Dialektforte Deutschlands. (Bd. 16.)
Volkstrachten, Deutsche. Von Pfarrer K. Spieß. Mit 11 Abb. (Bd. 342.)
Vom Bund zum Reich siehe Geschichte.
Von Jena bis zum Wiener Kongreß. Von Prof. Dr. G. Roloff. (Bd 465.)
Von Luther zu Bismarck. 12 Charakterbild. a. deutscher Gesch. Von Prof. Dr. O. Weber. 2 Bde. 2. Aufl. (Bd. 123/124.)
Vorgeschichte Europas. Von Prof. Dr. H. Schmidt. (Bd. 571/572.)
Weltgeschichte s Christentum.
Welthandel s. Handel.
Weltpolitik s. Politik.
Wirtschaftsgeschichte, Antike. Von Privatdozent Dr. O. Neurath. 2., umgearbeitete Auflage. (Bd. 258.)
— s. a. Antikes Leben n. d. ägypt. Papyri.
Wirtschaftsleben, Deutsches. Auf geogr. Grundl. gesch. V. Prof. Dr. Chr. Gruber. 4. Aufl. V. Dr. H. Reinlein. (42.)
— s. auch Abt. VI.

V. Mathematik, Naturwissenschaften und Medizin.

Aberglaube, Der, in der Medizin u. s. Gefahr f. Gesundh. u. Leben. V Prof. Dr. D. v. Hansemann. 2.Aufl (Bd. 83.)
Abstammungs- und Vererbungslehre, Experimentelle. Von Prof. Dr. E. Lehmann. Mit 26 Abb. (Bd. 379.)
Abstammungslehre u.Darwinismus. V. Pr. Dr. R. Hesse. 5. A. M. 40 Abb. (Bd. 39.)

Abwehrkräfte des Körpers, Die. Eine Einführung in die Immunitätslehre. Von Prof. Dr. med. H. Kämmerer. Mit 52 Abbildungen. (Bd. 479.)
Akustik, Einführung in die A. Von Prof. Dr. F. A. Schulze. (Bd. 622.)
Algebra siehe Arithmetik. [Bd. 601.]
Ameisen, Die. Von Dr. med. H. Brun.

Jeder Band kart. M. 1.60 **Aus Natur und Geisteswelt** Jeder Band geb. M. 1.90

Geschichte, Kulturgeschichte und Geographie — Mathematik, Naturwissenschaften und Medizin

Anatomie d. Menschen, Die. V. Prof. Dr. K. v. Bardeleben. 6 Bde. Jeder Bd. mit zahlr. Abb (Bd. 418/423.) I Zelle und Gewebe. Entwicklungsgeschichte Der ganze Körper. 3. Aufl. II Das Skelett. 2. Aufl. III. Das Muskel- u. Gefäßsystem 2. Aufl IV Die Eingeweide (Darm-, Atmungs-, Harn- und Geschlechtsorgane, Haut). 3 Aufl. V Nervensystem und Sinnesorgane. VI Mechanik (Statik u. Kinetik) d. menschl. Körpers (der Körper in Ruhe u. Bewegung). 2. Aufl.

— siehe auch Wirbeltiere.

Aquarium, Das. Von E. W. Schmidt. Mit 15 Fig. (Bd. 335.)

Arbeitsleistungen des Menschen, Die. Einführ. in d. Arbeitsphysiologie. V. Prof. Dr H Boruttau. M. 14 Fig. (Bd. 539.)

— Berufswahl. Begabung u. Arbeitsleistung in u. gegens. Beziehungen Von B. J. Ruttmann. Mit 7 Abb. (Bd. 522.)

Arithmetik und Algebra zum Selbstunterricht. Von Prof. P. Crantz 2 Bände. I.: Die Rechnungsarten. Gleichungen 1. Grades mit einer u. mehreren Unbekannten. Gleichungen 2. Grades. 6. Aufl. M. 9 Fig. i. Text. II. Gleichungen. Arithmet. u. geometr. Reih. Zinseszins- u. Rentenrechn. Kompl. Zahlen. Binom. Lehrsatz. 4. Afl. M. 21 Fig. (Bd. 120, 205.)

Arzneimittel und Genußmittel. Von Prof. Dr O Schmiedeberg. (Bd. 363.)

Arzt, Der. Seine Stellung und Aufgaben im Kulturleben der Gegenw. Ein Leitfaden der sozialen Medizin. Von Dr med. M Fürst 2. Aufl. (Bd. 265.)

Astronomie. Das astronomische Weltbild im Wandel der Zeit. 2. Aufl. Von Prof Dr E Oppenheim. I. Probleme der mod. Astronomie. Mit 11 Fig. (Bd. 355.) II. Mod. Astronomie. (Bd. 445.)

— Die A. in ihrer Bedeutung für das praktische Leben. Von Prof. Dr. A Marcuse Mit 26 Abb (Bd. 378.)

— siehe auch Mond, Planeten, Sonne, Weltall, Weltbild; Sternglaube. Abt. I.

Atome s. Materie.

Auge. Das, und die Brille. Von Prof Dr. M. v. Rohr. 2. Aufl. Mit 84 Abb u 1 Lichtdrucktafel. (Bd. 372.)

Ausgleichungsrechn. s. Kartenk. Abt. IV.

Bakterien. Die, im Haushalt und der Natur des Menschen. Von Prof Dr. E. Gutzeit. 2. Aufl. Mit 13 Abb. (242.)

— Die krankheiterregenden Bakterien. Grundtatsachen d. Entsteh., Heilung u. Verhütung d. bakteriellen Infektionskrankheiten d. Menschen. B. Prof. Dr. M Loehlein. 2. Afl. M. 33 Abb. (Bd. 307.)

— s. a. Abwehrkräfte, Desinfektion, Bilz. Schädlinge.

Bau u. Tätigkeit d. menschl. Körpers. Einf. in die Physiologie d. Menschen. B. Prof. Dr. H. Sachs. 4. A. M. 34 Abb. (Bd. 32.)

Begabung s. Arbeitsleistung.

Befruchtung und Vererbung. Von Dr. E. Teichmann. 2. Aufl. M. 9 Abb. u. 4 Doppeltafeln. (Bd. 70.)

Bewegungslehre s. Mechan., Aufg. a. d. M. I.

Bienen, Die. Von Prof. Dr. E. Zander. (Bd. 705.)

Biochemie. Einführung in die B. in elementarer Darstellung. Von Prof. Dr. M. Löb. Mit 12 Fig. 2. Aufl. v. Prof. Dr. H Friedenthal. (Bd. 352.)

Biologie, Allgemeine. Einführ. i. d. Hauptprobleme d. organ. Natur B Prof. Dr. H. Miehe 2. Aufl. 52 Fig. (Bd. 130.)

—, Experimentelle. Regeneration, Transplantat. und verwandte Gebiete Von Dr. C Thesing. Mit 1 Tafel und 69 Textabbildungen. (Bd. 337.)

— siehe a Abstammungslehre, Bakterien, Befruchtung, Fortpflanzung, Lebewesen, Organismen, Schädlinge, Tiere, Urtiere.

Blumen, Unsere Bl. u. Pflanzen im Garten Von Prof. Dr. N. Dammer. Mit 69 Abb. (Bd. 360.)

— Uns Bl u. Pflanzen i. Zimmer B Prof. Dr. U Dammer. M. 65 Abb. (Bd. 359.)

Blut, Herz, Blutgefäße und Blut und ihre Erkrankungen. Von Prof Dr. H Rosin Mit 18 Abb. (Bd. 312.)

Botanik. B. d. praktischen Lebens. B Prof. Dr. P Giesvius. M. 24 Abb. (Bd. 173.)

— siehe Blumen, Lebewesen, Pflanzen, Pilze, Schädlinge, Wald; Kolonialbotanik, Tabak Abt. VI.

Brille s. Auge u. d. Brille.

Chemie. Einführung in die allg. Ch. V. Studienrat Dr. B Bavink. 2. Aufl. Mit zahlr. Fig. (Bd. 582.)

— Ein führg. i. d. organ. Chemie: Natürl. u. künstl. Bildungs- u. Lerstoff B Studienrat Dr. B Bavink. 2.A 9 Abb. (187.)

— Einführung i. d. anorganische Chemie. B. Studienrat Dr. B. Bavink. (598.)

— Einführung i. d. analyt. Chemie. B. Dr. F. Rüsberg. 2 Bde. (Bd. 524, 525.)

— Die künstliche Herstellung von Naturstoffen. B. Prof. Dr. E. Ruß. (Bd. 674.)

— Ch. in Küche und Haus. Von Dr. J. Klein. 4. Aufl. (Bd. 76.)

— siehe a. Biochemie, Elektrochemie, Luft, Photoch.; Agrikulturch., Sprengstoffe, Techn. Chem. Abt. VI.

Chemikalienkunde. Von Chemiker Emil Drechsler. (Bd. 728.)

Chirurgie, Die, unserer Zeit. Von Prof. Dr. J Feßler. Mit 52 Abb (Bd. 239.)

Darwinismus. Abstammungslehre und D. Von Prof Dr. R. Hesse. 5. Aufl. Mit 40 Textabb. (Bd. 39.)

Desinfektion. Sterilisation und Konservierung. Von Reg.- u. Med.-Rat Dr. O. Solbrig. M. 20 Abb. i. T. (Bd. 401.)

Jeder Band kart. M. 1.60 **Aus Natur und Geisteswelt** Jeder Band geb M. 1.90

Mathematik, Naturwissenschaften und Medizin

Jeder Band kart. M. 1.60 **Aus Natur und Geisteswelt** Jeder Band geb. M. 1.90

Mathematik, Naturwissenschaften und Medizin — Recht, Wirtschaft und Technik

Urzeit. Der Mensch d. U. Vier Vorlesung. aus der Entwicklungsgeschichte des Menschengeschlechts. Von Dr. A. Heilborn. 3. Aufl. Mit 47 Abb. (Bd. 62.)

Welterrechnung. Einführung in die B. B. Prof. Dr. F. Jung. (Bd. 668.)

Verbildungen. Körperliche, im Kindesalter u. ihre Verhütung. Von Dr. M. David. Mit 26 Abb. (Bd. 321.)

Vererbung. Exp. Abstammgs.- u. V.-Lehre. Von Prof. Dr. E. Lehmann. Mit 20 Abbildungen. (Bd. 379.)

— Geistige Veranlagung u. V. V. Dr. phil. et med. G. Sommer. 2. Aufl. (512.)

Vogelleben, Deutsches. Zugleich als Exkursionsbuch für Vogelfreunde. V. Prof. Dr. A. Voigt. 2. Aufl. (Bd. 221.)

Vogelzug und Vogelschutz. Von Dr. W. R. Eckardt. Mit 6 Abb. (Bd. 218.)

Wahrscheinlichkeitsrechnung. Einführ. in die. Von Prof. Dr. R. Suppantschitsch. (Bd. 584.)

Wald, Der dtsche. V. Prof. Dr. H. Hausrath. 2. Afl. M. Bilderanh. u. 2. Karten.
— siehe auch Holz Abt. VI. [(Bd. 153.)

Wärme. Die Lehre v. d. W. V. Geh. Reg.-Rat Prof. Dr. R. Börnstein. Mit Abb. 2. Aufl. u. Prof. Dr. U. Wigand. (172.)
— s. a. Luft. Wärmekraftmasch., Wärmelehre, techn. Thermodynamik Abt. VI.

Wasser, Das. Von Geh. Reg.-Rat Dr. O. Anselmino. Mit 44 Abb. (Bd. 291.)

Weidwerk, D. dtsche. V. Forstmstr. G. Frhr. v. Nordenflycht. M. Titelb. (Bd. 436.)

Weltall, Der Bau des W. Von Prof. Dr. J. Scheiner 4. A. M. 26 Fig. (Bd. 24.)

Weltäther s. Materie.

Weltbild. Das astronomische W. im Wandel der Zeit. Von Prof. Dr. S. Oppenheim. 2. Aufl. Mit 19 Abb. (Bd. 110.)
— siehe auch Astronomie.

Weltentstehung. Entstehung d. W. u. d. Erde nach Sage u. Wissensch. V. Prof. Dr. M. B. Weinstein. 3. Aufl. (Bd. 223.)

Weltuntergang. Untergang der Welt und der Erde nach Sage und Wissenschaft. V. Prof. Dr M. B Weinstein. (Bd. 470.)

Wetter. Unser W. Einführ. i. d. Klimatol. Deutschl. V. Dr. R. Hennig. 2. Aufl. Mit 14 Abb. (Bd. 349.)
— Einführung in die Wetterkunde. Von Prof. Dr. L. Weber. 3. Aufl. Mit 28 Abb. u. 3 Taf. (Bd. 55.)

Wirbeltiere. Vergleichende Anatomie der Sinnesorgane der W. Von Prof. Dr. B. Lubosch. Mit 107 Abb. (Bd. 282.)

Zahnheilkunde siehe Gebiß.

Zellen- und Gewebelehre siehe Anatomie des Menschen, Biologie.

Zoologie s. Abstammungsl., Aquarium, Bienen, Biologie, Schädlinge, Tiere, Urtiere, Vogelleben, Vogelzug, Weidwerk, Wirbeltiere.

VI. Recht, Wirtschaft und Technik.

Agrikulturchemie. Von Dr. B. Krische. Mit 21 Abb. (Bd. 314.)

Angestellte siehe Kaufmännische A.

Antike Wirtschaftsgeschichte. V Priv.-Doz. Dr. O. Neurath. 2., umgearb. A. (258.)
— siehe auch Antikes Leben Abt. IV.

Arbeiterschutz und Arbeiterversicherung. V. Geh. Hofrat Prof. Dr. O. o. Zwiedineck-Südenhorst. 2. Aufl. (78.)

Arbeitsleistungen des Menschen. Die. Einführ. in d. Arbeitsphysiologie. V. Prof. Dr. H. Boruttau. M. 14 Fig. (Bd. 539.)
— Berufswahl, Begabung u. A. in ihren gegenseitigen Beziehungen. Von W. J. Ruttmann. Mit 7 Abb. (Bd. 522.)

Arzneimittel und Genußmittel. Von Prof. Dr. O. Schmiedeberg. (Bd. 363.)

Arzt, Der. Seine Stellung und Aufgaben im Kulturleben der Gegenw. Von Dr. med. M. Fürst. 2. Aufl. (Bd. 265.)

Automobil, Das. Eine Einf. in b. Bau b. heut. Personen-Kraftwagens. V. Ob.-Ing. K. Blau 3., überarb. Aufl. M. 98 Abb. u. 1 Titelbild. (Bd. 166.)

Baukunde s. Eisenbetonbau.

Baukunst siehe Abt. III.

Beleuchtungswesen. Das moderne. Von Ing. Dr. H. Lux. M. 54 Abb. (Bd. 433.)

Bergbau. Von Bergassessor F. W. Wedding. (Bd. 467.)

Bewegungslehre s. Mechan., Ausg. a. d. M.

Bierbrauerei. Von Dr. A. Bau. Mit 47 Abb. (Bd. 333.)

Bilanz s. Buchhaltung u. B.

Blumen. Uns. Bl. u. Pfl. i. Garten. Von Prof. Dr. R. Dummer. M. 69 Abb. (360.)
— Uns. Bl. u. Pfl. i. Zimmer. V. Prof. Dr. U. Dammer. M. 65 Abb. (Bd. 359.)
— siehe auch Garten.

Brauerei s. Bierbrauerei.

Buch. Wie ein B. entsteht. V. Prof. A. W. Unger. 4. Aufl. M. 7 Taf. u. 26 Abb. im Text. (Bd. 175.)
— s. a. Schrift- u. Buchwesen Abt. IV.

Buchhaltung u. Bilanz. Kaufm. und ihre Beziehungen z. buchhalter. Organisation, Kontrolle u. Statistik. V. Dr. F. Gerstner. 2. Afl. M. 4 schemat. Darst. (507.)

Chemie in Küche und Haus. Von Dr. J. Klein. 4 Aufl. (Bd. 76.)
— s. auch Agrikulturchemie, Elektrochemie, Farben, Sprengstoffe, Technik; ferner Chemie Abt. V.

Dampfkessel siehe Feuerungsanlagen.

Dampfmaschine, Die. Von Geh. Bergrat Prof. R. Vater. 2 Bde. I: Wirkungsweise des Dampfes im Kessel und in der Maschine. 4. Aufl. M. 37 Abb. (Bd. 393.)
II: Ihre Gestaltung und Verwendung. 2. Aufl. Mit 105 Abb. (Bd. 394.)

Kraftübertragung. Die elekt. B. Ing. P. Köhn. 2 Til. M. Abb. (Bd. 424.)

Krieg. Kulturgeschichte d. K. B. Prof. Dr. K. Beule, Geh. Hofrat Prof. Dr. E. Bethe, Prof. Dr. B. Schmeidler. Prof. Dr. A. Doren Prof. D. B. Herre (Bd. 561.)

Kriegsbeschädigtenfürsorge. In Verbindung mit Med.-Rat. Oberstabsarzt u. Chefarzt Dr. Rebentisch. Gewerbeschuldir. h. Bad. Direktor des Städt. Arbeitsamts Dr. B. Schlotter hersg. v. Prof. Dr. E. Kraus, Leit. d. Städt. Fürsorgeamts für Kriegshinterblieb. in Frankfurt a. M. M. 2 Abbildgst. (523.)

Kriegsschiffe. Unsere. Ihre Entstehg. u. Verwendg. B. Geh. Marinebaur. a. D. E. Krieger. 2. Afl. v. Marinebaur. Fr. Schürer. Mit 62 Abb. (389.)

Kriminalistik, Moderne. Von Amtsrichter Dr. A. Hellwig. M. 18 Abb. (Bd. 476.)
— s. a. Verbrechen, Verbrecher.

Küche siehe Chemie in Küche und Haus.

Landwirtschaft. Die deutsche. B. Dr. A. Claaßen. 2. Aufl. Mit 15 Abb. u. 1 Karte. (Bd. 215.)
— s. auch Agrikulturchemie. Kleintierzucht. Luftstickstoff, Tierzüchtung; Haustiere, Tierkunde Abt. V.

Landwirtschaftl. Maschinenkunde. B. Geh. Reg.-Rat Prof. Dr. G. Fischer. 2. Afl. Mit 64 Abbildungen. (Bd. 316.)

Luftfahrt. Die, ihre wissenschaftlichen Grundlagen und ihre technische Entwicklung. Von Dr. R. Nimführ. 3. Aufl. b. Dr. Fr. Huth. M. 60 Abb. (Bd. 300.)

Luftstickstoff. Der, u. s. Verw. B. Prof. Dr. K. Kaiser. 2. A. M. 13 Abb. (313.)

Lüftung. Heizung und L. Von Ingenieur J. E. Mayer. Mit 40 Abb. (Bd. 241)

Marr, Karl. Versuch e. Einführung. B. Prof. Dr. R. Wilbrandt. 2. A. (621.)
— s. auch Sozialismus.

Maschinen s. Dampfmaschine, Hebezeuge. Landwirtsch. Maschinenkunde, Wärmekraftmasch., Wasserkraftmasch.

Maschinenelemente. Von Geh. Bergrat Prof. R. Vater. 3. A. M. 175 Abb. (Bd. 301.)

Maße und Messen. Von Dr. W. Block. Mit 34 Abb. (Bd. 385.)

Mechanik. B. Prof. Dr. G. Hamel. 3 Bde. I. Grundbegriffe d. M. II M. der festen Körper. III. M. d. flüss. u. luftförm. Körper. (Bd. 684/686.)
— Aufgaben aus der technischen M. f. d. Schul- u. Selbstunterr. B. Prof. R. Schmitt. M. zahlr. Fig. I. Bewegungsl., Statik. 156 Aufg. u. Lösungen. II. Dynam. 140 A. u. Lös. (Bd. 558/559.)

Messen siehe Maße und Messen.

Miete. Die, nach d. BGB. Ein Handbüchlein f. Juristen, Mieter u. Vermieter. B. Justizrat Dr. M. Strauß. (194.)

Mikroskop. Das. B. Prof. Dr. W. Scheffer. 2. Aufl. M. 99 Abb. (Bd. 35.)

Milch. Die, und ihre Produkte. Von Dr. A. Reiß. Mit 16 Abb. (Bd. 362.)

Mittelstandsbewegung. Die moderne. Von Dr. L. Müffelmann. (Bd. 417.)
— siehe Konsumgenoss., Wirtschaftl. Org.

Nahrungsmittel s. Abt. V.

Naturwissensch. u. Technik. Am lauf. Webstuhl d. Zeit. Übersi. üb. d. Wirken b. Entw. b. N. u. T. a. b. ges. Kulturleb. B. Geh. Reg.-Rat Prof. Dr. B. Launhardt. 3. Aufl. Mit 3 Abb. (Bd. 23.)

Nautik. B. Dir. Dr. J. Möller. 2. Aufl. Mit vielen Abb. (Bd. 255.)

Optischen Instrumente. Die. Lupe, Mikroskop, Fernrohr, photogr. Objektiv u. ihnen verw. Instr. Von Prof. Dr. M. v. Rohr. 3. Aufl. M. 89 Abb. (Bd. 88.)

Organisationen. Die wirtschaftlichen. Von Prof. Dr. E. Lederer. (Bd. 428.)

Ostmark. Die. Eine Einführ. i. d. Probleme ihrer Wirtschaftsgesch. Hrsg. von Prof. Dr. B. Mitscherlich. (Bd. 351.)

Patente u. Patentrecht f. Gewerbl. Rechtsch.

Perpetuum mobile. Das. B. Dr. Fr. Schal. Mit 38 Abb. (Bd. 462.)

Photochemie. Von Prof. Dr. G. Kümmell. 2 Aufl. Mit 23 Abb. i. Text u. auf 1 Tafel. (Bd. 227.)

Photographie, Die, ihre wissenschaftlichen Grundlagen u. i. Anwendung. B. Dr. O. Brelinger. 2 Auf. Mit Abb. (414.)
— Die künstlerische Ph. Ihre Entwicklung, ihre Probleme, ihre Bedeutung. Von Dr. W. Warstat. 2. verb. Aufl. Mit Bilderanh. (Bd. 410.)
— Angewandte Liebhaber-Photographie, ihre Technik und ihr Arbeitsfeld. Von Dr. W. Warstat. Mit Abb. (Bd. 535.)

Physik in Küche und Haus. Von Prof. Dr. H. Spielkamp. M. 51 Abb. (Bd. 478.)
— siehe auch Physik in Abt V.

Postwesen. Das. Von Oberpostrat H. Sieblist. 2. Aufl. (Bd. 182.)

Rechenmaschinen. Die, und das Maschinenrechnen. Von Reg.-Rat Dipl.-Ing. K. Lenz. Mit 43 Abb. (Bd. 490.)

Recht siehe Erbrecht. Gewerbl. Rechtsschutz. Kaufm. Angest., Kriminalistik. Urheberrecht. Verbrechen. Verfassungsrecht. Zivilprozeßrecht.
— Rechtsfragen des täglichen Lebens in Familie und Haushalt. Von Justizrat Dr. M. Strauß. (Bd. 213.)

Rechtsprobleme. Moderne. B. Geh. Justizr. Prof. Dr. J. Kohler. 2 Aufl. (Bd. 128.)

Salzlagerstätten. Die deutschen. Ihr Vorkommen, ihre Entstehung und die Verwertung ihrer Produkte in Industrie und Landwirtschaft. Von Dr. E. Riemann. Mit 27 Abb. (Bd. 407.)
— siehe auch Geologie Abt V.

Schiffbau siehe Kriegsschiffe.

Schmuck. Die, u. d. Schmuckstein-industrie. B. Dr. A. Eppler. M. 64 Abb. (Bd. 376.)

════ Weitere Bände sind in Vorbereitung. ════

Druck von B. G. Teubner in Dresden

CPSIA information can be obtained
at www.ICGtesting.com
Printed in the USA
BVHW041049230119
538482BV00003B/24/P